Erhard Domay
Mit Vertrauen leben

Band 1
Auf dem Weg zu mir selbst

Erhard Domay

Mit Vertrauen leben

Lesebuch für Gespräche über den Glauben
Band 1
Auf dem Weg zu mir selbst

J. F. Steinkopf Verlag
Stuttgart

CIP-Kurztitelaufnahme der Deutschen Bibliothek
Mit Vertrauen leben: Lesebuch für Gespräche über d. Glauben /
Erhard Domay. – Stuttgart: Steinkopf
NE: Domay, Erhard [Hrsg.]
Bd. 1. Auf dem Weg zu mir selbst. – 1. Aufl. – 1983.
  ISBN 3-7984-0583-2

Auflage: 5 4 3 2 1
Jahr: 90 88 86 84 83
Einbandgestaltung: Hans Hug, Stuttgart
Gesamtherstellung:
Mohndruck Graphische Betriebe GmbH, Gütersloh
Alle Rechte vorbehalten
© J. F. Steinkopf Verlag GmbH, Stuttgart 1983

VORWORT

MIT VERTRAUEN LEBEN ist ein Lese- und Arbeitsbuch für Gespräche mit jungen Menschen in der Gemeinde und in der Schule. Es wendet sich an alle, die bei der Arbeit mit konfirmierten Jugendlichen neben Spiel und Medienspaß das Lesen, insbesondere auch das Vorlesen nicht zu kurz kommen lassen wollen. Die Erfahrung zeigt, daß Jugendgruppenleiter, Lehrer und Pfarrer gar nicht genug erzählende Texte als Einstieg in Diskussion und Meditation haben können.

MIT VERTRAUEN LEBEN bietet Texte an, die in der Jugendarbeit und in der Schule Anstöße zu Diskussionen und Anregungen für Gespräche geben können. Ihre Thematik stammt aus Lebensbereichen, die den Jugendlichen vertraut sind. Die Texte dieses ersten Bandes orientieren sich am Heranwachsen des Menschen in der Familie und der weiteren Umwelt und beschreiben die Suche nach verläßlichen Beziehungen von Mensch zu Mensch. Der zweite Band wird religiöse Fragen und Antworten – im engeren und weiteren Sinn – unmittelbar aufgreifen, und im dritten Band werden gesellschaftliche Fragestellungen den Schwerpunkt bilden. Selbstverständlich läßt sich keiner dieser Schwerpunkte aus der Wirklichkeit in ihrer Gesamtheit herauslösen, so daß in jedem Band auch Stichwörter aufgeführt sind, die Brücken zu den anderen Bänden schlagen.

Bei der *Textauswahl* kam es mir auf folgende Punkte an: Erzählungen und Berichte haben Vorrang vor Analyse und Kommentar; flüssige, nicht allzu schwierige Sprache und keine komplizierten Textmontagen; Texte, die nicht allseits bekannt sind (auch wenn sie von bekannten Autoren stammen). Schließlich sollten die Texte selbst Lösungsansätze enthalten oder zumindest eine so klare Darstellung der Situation bieten, daß die Jugendlichen ermutigt werden, solche Ansätze zu finden.

Ansätze zur Lösung von Lebensfragen entdecken, sie ausprobieren, weiterlernen mit ihnen und Positionen entwickeln, von denen aus dann neue Fragen zu stellen sind – das ist die Bewegung, in die hinein die Texte ihre Leser nehmen sollen.

Bei der Behandlung der Texte gibt es nichts abzufragen im Sinne von »richtig« oder »falsch«; sie dienen in erster Linie auch nicht dem Vermehren von literarischem Wissen. Sondern das Gespräch über sie soll das Erfahrungsrepertoire erweitern, so daß die jungen Menschen Vertrauen in die mancherlei Möglichkeiten, ihr Leben sinnvoll zu gestalten, gewinnen.

Je nach Art des Textes (Erzählung, Legende, Hörspiel, Gedicht, Protokoll) empfehlen sich *verschiedene Arten der Präsentation:*

1. Jugendliche, bzw. Leiter oder Leiterin lesen vor (nachdem sie Gelegenheit hatten, den Text vorher zu Hause mehrere Male laut zu lesen), vielleicht sogar mit verteilten Rollen. Dafür sind besonders diejenigen Texte geeignet, die Dialogpassagen enthalten.

2. Jugendliche alleine oder Jugendliche zusammen mit Leiterin oder Leiter gestalten den Text in einer Art Feature: Der Text wird in einzelne Abschnitte unterteilt (die Kriterien für diese Einteilung können die Jugendlichen durchaus selbst erarbeiten!) und mit wechselnden Stimmen vorgelesen. Ist es ein längerer Text, kann bei der Feature-Form dieser oder jener Textteil frei nacherzählt werden. In diesem Fall würde ein Moderator die Führung durch den Text übernehmen und die Zitate abrufen.

3. Die Hörspielszenen »Außer Briefe schreiben kann

man hier nichts« legen eine entsprechende akustische Gestaltung nahe – vielleicht werden sie sogar teilweise mit Geräuschen und Musik auf Band produziert.

4. Meditatives Vorlesen. Hierfür eignen sich besonders kurze Texte wie Gopal Singhs Texte über die Liebe. Langsam und ruhig, mit langen Pausen und nicht dramatisch lesen. Nicht sofort nach dem Lesen mit dem Darübersprechen beginnen – miteinander schweigen und die eigenen Gefühle und Assoziationen wahrnehmen. Diese notieren – spontan, ungeordnet. Dann, nach längerem Schweigen, ein Gespräch anhand der notierten Einfälle führen.

Zur *Arbeit an den Texten* einige Hinweise. Es ist wichtig, daß die Jugendlichen Gelegenheit haben, auf das Gelesene oder Gehörte zu reagieren und über ihre Reaktion zu sprechen. Vielleicht reagieren sie da und dort mit Abwehr, mit Zorn, mit Unverständnis? Woanders aber mit Freude und Zustimmung? Ein Austausch in der Gruppe über die subjektiven Reaktionen kann die einzelnen sensibler füreinander machen. Wichtig ist auch der Vergleich der beschriebenen Situationen mit der eigenen Erfahrung. Was ist vertraut, was ist fremd? Was kann ich bestätigen, was nicht? Auf diese Weise werden im Gespräch verschiedene Erfahrungen verschiedener Jugendlicher miteinander konfrontiert, so daß die Fähigkeit des aufmerksamen Zuhörens und die Haltung der Toleranz gefördert werden.

Einige Texte fordern zur weiteren literarischen Arbeit an ihnen heraus. Sie lassen sich neu schreiben, so daß sich die Figuren anders als in der Vorlage verhalten (z.B. in »Das Gewitter« benimmt sich der Junge so, daß er die Gefühle des Mädchens ernst nimmt. In der »Geschichte aus Bansin« weigert sich die Frau, den Fisch zu verstecken. In »Ein Morgen Ende Mai« vollzieht das Mädchen ihren Ausbruch aus zu Hause auf eine andere Weise.). In der Form der beiden sehr kurzen Wilker-Texte lassen sich weitere Skizzen mit anderen Inhalten entwerfen (Frage-Schema Tochter-Mutter, Vater-Sohn oder umgekehrt). Der Kinder-Perspektive in »Wie Christof, Vroni und Annette die Trennung der Eltern erleben« ist ein Bericht aus der Perspektive der Eltern oder erwachsener Freunde gegenüberzustellen. Der Gesprächsbericht von Klaus kann als Anregung dienen, zu den dort genannten Stichwörtern (z. B. »Krisen und Ziele«, »Ängste, Aufgaben«, »Selbständig sein, Anlehnung«) eigene Niederschriften zu formulieren und miteinander zu vergleichen. »Außer Briefe schreiben kann man hier nichts« enthält Szenen, die auf verschiedenen Beziehungsebenen spielen: Familie, Freund-Freundin, Schule. Wie verhält sich Mark, wie verhalten sich die Eltern und Lehrer? Welche Probleme des Schülers Mark sind zu erkennen? Aus der Erfahrung der Jugendlichen weitere Schwierigkeiten nennen, die dazu führen können, daß ein Junge »verhaltensauffällig« wird. Welche sind die Ursachen? Und: Welche Möglichkeiten hätten auf den einzelnen Ebenen bestanden, das Leiden des Schülers Mark zu erkennen, und wie hätten die Personen (oder auch andere, die hinzugedacht werden können) helfend eingreifen können? Hätte Mark anders reagieren können? Den Szenen weitere Szenen mit neuen Situationen hinzufügen! Wo immer es möglich ist: daran denken, daß alle Geschichten Vorgeschichten haben und daß nach dem letzten Wort die Sache weitergeht! Die Autorin bzw. der Autor haben uns nur einen Ausschnitt aus einem komplexen Zusammenhang vorgeführt. Warum sollten wir uns nicht dazu provozieren lassen, uns darüber Gedanken zu machen, was vorher (vielleicht) war und was nachher (vielleicht) werden mag? Oder darüber, was die Autoren uns möglicherweise verschweigen?

Was den *Zeitrahmen* betrifft, ist eine großzügige Disposition empfehlenswert: Kurzatmiges, rasch auf ein bestimmtes Ziel zusteuerndes Lesen verdirbt die Freude an der Literatur. Je nachdem, wie viele Stunden zur Verfügung stehen, und je nachdem, wie tief die Leiterin oder der Leiter in die Sache einsteigen will, ist eine Auswahl der Texte nach ihrer Länge möglich. Für einige Texte sind sicher mehrere Stunden nötig (z.b. für die Auszüge aus den Tagebüchern der Anaïs Nin und das Hörspiel »Außer Briefe schreiben kann man hier nichts«). Gerade im Zeitalter der elektronischen Medien mit ihren sinngerechten Hör- und Seh-Leckereien ist es wichtig, sich auch einmal gründlich mit größeren und nicht allzu glatt konsumierbaren Textstücken auseinanderzusetzen. Immer schon wissen, worauf etwas hinausläuft oder was etwas bedeutet – eine solche Haltung macht den interessantesten Text zur langweiligen Lektüre. Daher: Die Texte nicht zu schnell ad acta legen!

Das *Stichwortverzeichnis* (S. 189) soll die Auswahl der Geschichten bei der Vorbereitung eines bestimmten Themas erleichtern. Unterschiedliche Akzente, die einzelne Texte zu einem Stichwort setzen, sind angegeben. Die Stichwörter markieren jeweils Schwerpunkte; d.h.: sie können als untergeordnete Gesichtspunkte auch in nicht besonders angeführten Texten vorkommen.

Allen, die mit diesem Buch arbeiten, wünsche ich Freude am Lesen und Vorlesen und anregende Gespräche.

Erhard Domay

Jakov Lind
LILITH

Bevor Gott Eva erschuf, berichtet die Legende, erschuf er Lilith, doch Lilith verließ Adam, da sie im großen wie im kleinen nie einer Meinung mit ihm war, während Eva Adams wahre Frau wurde, das heißt: eine Frau, die stets mit ihrem Mann übereinstimmt. Lilith verließ ihn, doch verschwand Lilith nicht endgültig, sie kehrt immer wieder, berichtet uns die Legende.

Es war einmal ein Mann, der wurde von Lilith heimgesucht. Der Dämon hatte sich in die Gewänder einer einfachen, netten Durchschnittsfrau gekleidet und kam zu Adam, als er allein war. »Warum bist du dir selbst überlassen«, fragte Lilith, »wo ist deine Frau, die, die meine Stelle eingenommen hat?« – »Sie ist fort, auf dem Land, um ihre Verwandten zu besuchen, sie wird bald zurückkommen, sie wird nicht erfreut sein, dich hier anzutreffen, sie fürchtet sich vor dir.« – »Warum sollte meine Schwester sich vor mir fürchten«, fragte Lilith, »ich bin in meinem Herzen ebenso schlicht wie sie, ich bin ebenso gut und freundlich wie sie, ich liebe meine Eltern und meine Kinder ebenso wie sie, aber ich denke nicht so wie sie, der Unterschied zwischen uns liegt in unserem Geist, nicht in unserem Körper.« – »Ich glaube dir«, sagte Adam, »und ich liebe dich, aber ich brauche ein friedvolles Leben.«

»Ganz wie du willst«, sagte Lilith, »führe dein friedvolles Leben. Ich bin bloß deine andere Frau, ich werde dich nicht verlassen, sondern dich lieben wie eh und je.« Adam blickte ihr in die Augen und sagte nichts weiter. Ihre Augen waren wie weit offene Tore in eine Welt, die er erst seit so kurzem vergessen hatte, und er hielt inne.

Sie lagen einander in den Armen, Mund an Mund, als Eva zurückkehrte. »Lilith und Adam sind vereint«, sagte sie, »bleibe bei mir, Schwester. Ich werde dir das Essen ans Bett bringen.« Sie brachte ihnen beiden zu essen und zu trinken ans Bett und zog sich in einen entlegenen Winkel des Hauses zurück, wo sie sich zum Kamin kauerte, um sich zu wärmen, und in Trance versank. Sie verließ ihren Körper und schlüpfte in den Körper ihrer Schwester Lilith, und in ihrer Gestalt umarmte und küßte sie Adam und fühlte seine Liebe zu ihr, wie sie sie nie zuvor erfahren hatte.

»Aber ich bin deine Eva«, sagte Lilith, »warum umarmst du mich so leidenschaftlich, da du mich doch niemals vorher mit einer solchen Glut geliebt hast?«

Adam lachte und sagte: »Du wirst mit dem ersten Hahnenschrei verschwinden, und ich werde dich eine ganze Weile nicht wiedersehen; wenn ich leidenschaftlich bin, so, weil unser Glück nur von kurzer Dauer ist.«

»Wie kannst du das sagen«, sagte Lilith, »ich werde morgen hier sein und übermorgen und so für den Rest deines Lebens, warum liebst du mich dann so leidenschaftlich? Denkst du, ich sei die, die ich scheine? Ich bin Eva und spreche durch den Mund meiner Schwester.«

»Du scherzt«, lachte Adam, »ich weiß, du wirst beim Morgengrauen verschwinden und vielleicht für ziemlich lange Zeit nicht wiederkehren.«

Lilith (die nun Eva war) küßte ihn und sagte: »Ich wünschte, es wäre so, aber leider kann ich dich nicht verlassen, ich werde bei dir bleiben, weil du voll Feuer bist für diese andere Frau, deren Körper ich nun übernommen habe. Betrachte mich genau und sag' mir, ob du nicht erkennst, daß ich deine Frau Eva bin.«

»Eva sitzt im hintersten Winkel des Hauses«, sagte Adam, doch als er nachsah, konnte er sie nicht erblicken, alles, was er sah, waren die Flammen im Kamin.

Gopal Singh
FÜR EINEN LIEBENDEN VERLIERT DIE ZEIT IHRE ZEITLICHKEIT

»*Für einen Liebenden verliert die Zeit ihre Zeitlichkeit:*
die eigenen Glieder werden heilig und zärtlich,
man küßt sich selbst wie ein Liebender!

Liebe macht uns abhängig,
und darum frei.

Denn allein das abhängige Kind
ist sorgenfrei.

Er, der sich ganz seiner Liebe hingab!

Wer den Glauben an den anderen nicht bewahrte,
dem ging die Welt der Hoffnung verloren.

Wie sollte man lieben?
Durch Lieben.

Wie man nur sprechen lernen kann
durch Sprechen.

Wir dürfen nicht töten, aber wenn der Dolch
des Neides und der Rache uns im Herzen steckt,
dann sündigen und leiden wir wie Mörder.

Das Feuer, das den anderen nicht zerstört,
zerstört sich selbst.«

Gopal Singh
ENTWEDER LIEBT EIN MENSCH, ODER ER STIRBT

»Entweder liebt ein Mensch, oder er stirbt.

Wer am meisten liebt, spricht am wenigsten davon.
Will der Mund Süßes schmecken, schmeckt man mit
der Zunge,
aber man spricht dessen Namen nicht aus.

Man trifft die Liebe nicht auf dem Gipfel der Berge,
denn sie fließt wie Wasser zu denen hinunter,
die am Fuß der Berge warten.

Zu deiner Liebe bist du hinausgeströmt,
aber den heiligen Strom trafst du nicht,
denn die Wasser sind aufgesogen worden vom sandigen
Schutt am Wegesrand.
Weißt du nicht, daß dieses Wasser auch in dich
gedrungen ist
und im Geheimen mündet im Meer der Liebe, in dir?

Niemand kann Liebe erzwingen.
So wie die Lotosblume nach der honigsuchenden
Biene ruft,
geschieht die Liebe denen,
die offen sind und wach.

Entweder liebt man alle, oder keinen.

Selbst wenn nur eine Blüte stirbt, ungeliebt,
wirft die Einsamkeit der offenen Wunde des Zweiges
einen Schatten der Leere über den ganzen Baum.
Es gibt keinen Gärtner, den das unberührt läßt!«

GOPAL SINGH
UND DANN SPRACH ER ZU IHNEN VON LIEBE

Und dann sprach Er zu ihnen von Liebe.
»Wie Hingabe die Eigenschaft des Duftes ist und
Versöhnung das Streben der Sterne,
so gehört Liebe zum Menschen und zu Gott.

Liebe ist immer weise. Sie gibt uns Augen,
die nicht nur einzelne Fäden sehen,
sondern den ganzen Entwurf.

Wenn das Blut der Ewigkeit
im Herzen des Augenblicks pocht,
dann hat es Liebe gefunden.

Ein Liebender ist ein reicher Mensch. Er braucht
nichts.
Er kann überschwenglich schenken
und vermehrt seine Schätze
mit jeder Gabe.

Warum sollte ein Mensch lieben?
Weil der, der Liebe nicht kennt,
verbrennt!

Die ganze Welt ist dazu da,
um dem Samen der Liebe zu helfen
aufzublühen: die Wolken,
die Nachtigall, die Erde, die Winde,
die Sterne.«

HEINRICH BÖLL
STEH AUF, STEH DOCH AUF...

Ihr Name auf dem roh zusammengehauenen Kreuz war nicht mehr zu lesen; der Pappedeckel des Sarges war schon eingebrochen, und wo vor wenigen Wochen noch ein Hügel gewesen war, war nun eine Mulde, in der die schmutzigen verfaulten Blumen, verwaschene Schleifen, mit Tannennadeln und kahlen Ästen vermengt, einen grauenhaften Klumpen bildeten. Die Kerzenstummel mußten gestohlen worden sein...

»Steh auf«, sagte ich leise, »steh doch auf«, und meine Tränen mischten sich mit dem Regen, diesem eintönig murmelnden Regen, der schon seit Wochen niederrann.

Dann schloß ich die Augen: ich fürchtete, mein Wunsch könne erfüllt werden. Hinter meinen geschlossenen Lidern sah ich deutlich den eingeknickten Pappdeckel, der nun auf ihrer Brust liegen mußte, eingedrückt von den nassen Erdmassen, die an ihm vorbei kalt und gierig sich in den Sarg drängten.

Ich bückte mich nieder, um den schmutzigen Grabschmuck von der klebrigen Erde aufzuheben, da spürte ich plötzlich, wie hinter mir ein Schatten aus der Erde brach, jäh und heftig, so wie aus einem zugedeckten Feuer manchmal die Flamme hochschlägt.

Ich bekreuzigte mich hastig, warf die Blumen hin und eilte dem Ausgang zu. Aus den schmalen, mit dichten Büschen umgebenen Gängen quoll der dicke Dämmer, und als ich den Hauptweg erreicht hatte, hörte ich den Klang jener Glocke, die die Besucher aus dem Friedhof zurückruft. Aber von nirgendwoher hörte ich Schritte, nirgendwo auch sah ich jemanden, nur spürte ich hinter mir jenen gestaltlosen, doch wirklichen Schatten, der mich verfolgte...

Ich beschleunigte meinen Schritt, warf die rostig klirrende Pforte hinter mir zu, überquerte das Rondell, auf dem ein gestürzter Straßenbahnwagen seinen aufgequollenen Bauch dem Regen hinhielt; und die verwünschte Sanftmut des Regens trommelte auf dem blechernen Kasten...

Schon lange hatte der Regen meine Schuhe durchdrungen, aber ich spürte weder Kälte noch Feuchtigkeit, ein wildes Fieber jagte mein Blut bis in die äußersten Spitzen meiner Glieder, und zwischen der Angst, die mich von hinten anwehte, spürte ich jene seltsame Lust von Krankheit und Trauer...

Zwischen elenden Wohnhütten, deren Schornsteine kümmerlichen Rauch ausstießen, abenteuerlich zusammengeflickten Zäunen, die schwärzliche Äcker umschlossen, vorbei an morschen Telegraphenstangen, die im Dämmer zu schwanken schienen, führte mein Weg durch die scheinbar endlosen Verzweiflungsstätten der Vorstadt; achtlos in Pfützen tretend, schritt ich immer hastiger der fernen, zerrissenen Silhouette der Stadt zu, die in schmutzigen Dämmerwolken am Horizont hingestreckt lag.

Schwarze riesige Ruinen tauchten links und rechts auf, seltsam schwüler Lärm aus schwach erhellten Fenstern drang auf mich ein; wieder Äcker aus schwarzer Erde, wieder Häuser, verfallene Villen – und immer tiefer fraß sich das Entsetzen in mir fest, denn ich spürte etwas Ungeheuerliches: hinter mir wurde es dunkel, während vor meinen Augen der Dämmer sich verdichtete; hinter mir wurde Nacht; ich schleifte die Nacht hinter mir her, zog sie über den fernen Rand des Horizontes, und wo mein Fuß hingetreten war, wurde es dunkel. Nichts sah ich von alledem, aber ich wußte es: vom Grab der Geliebten her, wo ich den Schatten beschworen, schleppte ich das Segel der Nacht hinter mir her.

Die Welt schien menschenleer zu sein: eine ungeheure, mit Schmutz angefüllte Ebene die Vorstadt, ein niedriges Gebirge aus Trümmern die Stadt, die so ferne geschienen hatte und nun unheimlich schnell näher gerückt war. Einige Male blieb ich stehen, und ich spürte, wie das Dunkle hinter mir verhielt, sich staute und höhnisch zögerte, mich dann mit sanftem und zwingendem Druck weiterschob.

Nun erst spürte ich auch, daß der Schweiß in Strömen an meinem ganzen Körper herunterlief; mein Gang war mühsam geworden, schwer war die Last, die ich zu schleppen hatte, die Last der Welt. Mit unsichtbaren Seilen war ich daran gebunden, sie an mich, und es zog nun und zerrte an mir, wie eine abgerutschte Last das ausgemergelte Maultier unweigerlich in den Abgrund zwingt. Mit allen Kräften stemmte ich mich an gegen jene unsichtbaren Schnüre, meine Schritte wurden kurz und unsicher, wie ein verzweifeltes Tier warf ich mich in die drosselnde Schnürung: meine Beine schienen in der Erde zu versinken, während ich noch Kraft fand, meinen Oberkörper aufrecht zu halten; bis ich plötzlich spürte, daß ich nicht durchhalten konnte, daß ich auf der Stelle zu verhalten gezwungen war, die Last schon so wirksam, mich am Ort zu bannen. Und schon glaubte ich zu spüren, daß ich den Halt verlor, ich tat einen Schrei und warf mich noch einmal in die gestaltlosen Zügel – ich fiel vornüber aufs Gesicht, die Bindung war zerrissen, eine unsagbar köstliche Freiheit hinter mir, und vor meinen Augen eine helle Ebene, auf der nun sie stand, sie, die dort hinten in dem kümmerlichen Grab unter schmutzigen Blumen gelegen hatte, und nun war sie es, die mit lächelndem Gesicht zu mir sagte: »Steh auf, steh doch auf...«, aber ich war schon aufgestanden und ihr entgegengegangen...

WOLFGANG BORCHERT
MARGUERITE

Sie war nicht hübsch. Aber sie war siebzehn und ich liebte sie. Ich liebte sie wirklich. Ihre Hände waren immer so kalt, weil sie keine Handschuhe hatte. Ihre Mutter kannte sie nicht und sie sagte: Mein Vater ist ein Schwein. Außerdem war sie in Lyon geboren.

Einen Abend sagte sie: Wenn die Welt untergeht – mais je ne crois pas – dann nehmen wir uns ein Zimmer und trinken viel Schnaps und hören Musik. Dann drehen wir das Gas auf und küssen uns, bis wir tot sind. Ich will mit meinem Liebling sterben, ah oui!

Manchmal sagte sie auch mon petit chou zu mir. Mein kleiner Kohl.

Einmal saßen wir in einem Café. Die Klarinette hüpfte wie zehn Hühner bis in unsere Ecke. Eine Frau sang sinnliche Synkopen und unsere Knie entdeckten einander und waren unruhig. Wir sahen uns an. Sie lachte und darüber wurde ich so traurig, daß sie es sofort merkte. Mir war eingefallen – ihr Lachen war so siebzehnjährig – daß sie einmal eine alte Frau sein würde. Aber ich sagte, ich hätte Angst, daß alles vorbei sein könnte. Da lachte sie ganz anders, leise: Komm.

Die Musik war so mollig gewesen, daß uns draußen fror und wir mußten uns küssen. Auch wegen den Synkopen und dem Traurigsein.

Jemand störte uns. Es war ein Leutnant und der hatte kein Gesicht. Nase, Mund, Augen – alles war da, aber es ergab kaum ein Gesicht. Aber er hatte eine schöne Uniform an und meinte, wir könnten uns doch nicht am hellichten Tag (und das betonte er) auf der Straße küssen.

Ich richtete mich auf und tat, als ob er recht hätte. Aber er ging noch nicht.

Marguerite war wütend: Wir können nicht? Oh, wir können! Nicht wahr, wir können.
Sie sah mich an.
Ich wußte nichts und die Uniform ging immer noch nicht. Ich hatte Angst, daß er etwas merken würde, denn Marguerite war sehr wütend:
Aber Sie! So ein Mensch! Ihnen würde ich nicht mitten in der Nacht Küsse geben! Oh!
Da ging er. Ich war glücklich. Ich hatte eine Heidenangst gehabt, daß er merken würde, daß Marguerite Französin war. Aber Offiziere merken wohl auch nicht immer alles.
Dann war Marguerite wieder vor meinem Mund.

Einmal waren wir uns sehr böse.
Im Kino marschierte die Pariser Feuerwehr. Sie hatte Jubiläum. Sie marschierte ausgesprochen komisch. Deswegen lachte ich. Das hätte ich überlegen sollen. Marguerite stand auf und setzte sich auf einen andern Platz. Mir war klar, daß ich sie beleidigt hatte. Eine halbe Stunde ließ ich sie allein. Dann konnte ich nicht mehr. Das Kino war leer und ich schlich mich unbemerkt hinter sie:
Ich liebe dich. Dein Haar liebe ich und deine Stimme, wenn du mon petit chou sagst. Ich liebe deine Sprache und all das Fremde an dir. Und deine Hände. Marguerite!
Und ich dachte, daß wir wohl nur deswegen dem Reiz des Fremdartigen verfallen sind, weil es so süß ist, zuletzt immer wieder das schon Gekannte zu entdecken.
Nach dem Kino bat Marguerite um meine Pfeife. Sie rauchte sie und ihr war übel dabei. Aber sie wollte mir beweisen, daß sie mich noch viel mehr lieb habe.

Wir standen am Fluß. Der war schwarz vor Nacht und schmatzte geheimnisvoll an den Pfeilern der Brücke. Manchmal glomm es gelb und vereinzelt, hob und senkte sich wie auf einer atmenden Brust: Sterne spiegelten sich, gelb und vereinzelt.

Wir standen am Fluß. Aber der segelte mit der Nacht und riß uns nicht mit in ein unbekanntes Land. Vielleicht wußte er auch nicht, wohin die Fahrt ging und ob das Ziel aller Fahrt das Paradies sei. Doch wir hätten uns bedingungslos dem Segel der Nacht anvertraut – aber der Fluß verriet uns nichts von seinem Zauber. Er schmatzte und gluckste und wir ahnten ein weniges von seiner geheimnisvollen Schönheit. Unseretwegen hätte er über seine Ufer treten können – und über unsere, über die Ufer unseres Lebens. Wir hätten uns fortspülen, überschwemmen lassen diese Nacht.

Wir atmeten tief und erregt. Und Marguerite flüsterte: Das riecht wie Liebe.

Ich flüsterte zurück:

Aber das riecht doch nach Gras, nach Wasser, Flußwasser und Nebel und Nacht.

Siehst du, flüsterte wieder Marguerite, und das riecht wie Liebe. Riechst du nicht?

Es riecht nach dir, flüsterte ich noch leiser, und du riechst wie Liebe.

Siehst du – flüsterte es da noch mal.

Dann flüsterte der Fluß: Wie Liebe – siehst du – wie Liebe – siehst du – – –

Vielleicht meinte er aber ganz etwas anderes. Aber Marguerite dachte, er hätte uns belauscht.

Plötzlich wuchsen Schritte auf uns zu und eine Lampe zwang uns, die Augen zu schließen: Streife!

Man suchte minderjährige Mädchen, denn die blühten nachts wie Blumen in den Parks in den Armen der Soldaten. Aber Marguerite schien dem Streifenführer erwachsen genug. Wir wollten schon gehen, da fiel ihm etwas an Marguerite auf. Ich glaube, es war ihre Schminktechnik. So malten sich unsere Mädchen nicht an. Feldwebel sind manchmal gar nicht so dumm, wie sie aussehen. Er verlangte ihren Paß. Sie zitterte kein bißchen. Hab ich mir doch gedacht! sagte er, Französin, so ein Tuschkasten.

Marguerite blieb still und ich mußte auch still bleiben. Dann schrieb er meinen Namen auf und wir standen wieder allein.

Ich wußte, ich würde mindestens vier Wochen nicht aus der Kaserne rauskommen. Von den andern Strafen gar nicht zu reden. Ich wartete noch, aber mir fiel nichts Besseres ein. Und ich sagte es Marguerite. Du kommst vier Wochen nicht? Oh, dann ist alles aus, ich weiß. Du bist nur feige. Bin ich feige? Habe ich gezittert? Ach, du läßt dich vier Wochen einsperren! Pfui, du hast keine Courage. Du liebst mich nicht. Oh, ich weiß!

Es half nichts, Marguerite glaubte, ich wäre nur zu feige, abends über den Zaun zu klettern. Von den hundert kleinen Maßnahmen, die das verhinderten, ahnte sie nichts. Ich dachte an die vier Wochen und wußte auch nichts mehr zu sagen. Dann, nach einer Weile, versuchte sie es noch einmal:

Du kommst nicht? Vier Wochen? Nein?

Ich kann nicht, Marguerite.

Mehr wußte ich nicht. Und das war Marguerite nicht genug:

Gut! Sehr gut! Weißt du, was ich jetzt tue?

Ich wußte es natürlich nicht.

Jetzt geh ich in mein Zimmer und wasch mir mein Gesicht. Das ganze Gesicht. Ja. Und dann mach ich mich schön und suche mir einen neuen Liebling! So! Ah oui!

Dann war sie von der Dunkelheit aufgefressen. Weg, aus – für immer.

Als ich allein den Weg zu den Kasernen machen mußte, hätte ich am liebsten geweint. Ich versuchte es. Ich hielt meine Hände vors Gesicht. Sie hatten einen heimlichen Geruch: Frankreich. Und ich dachte, daß ich meine Hände heute abend nicht mehr waschen würde.

Das Weinen kam nicht zustande. Es lag an den Stiefeln. Sie knarrten bodenlos gemein bei jedem Schritt:

Mon petit chou – mein kleiner Kohl – mein kleiner Kohl – – –

Du Riesenkohlkopf, feixte ich den Mond an. Er war unverschämt hell. Sonst hätte die Streife das gar nicht merken können. Das mit dem Tuschkasten.

WOLFGANG BORCHERT
DAS GEWITTER

Der Himmel war grün. Und es roch nach Angst. Der Abend roch nach Bier und gebratenen Kartoffeln. Die engen endlosen Straßen rochen nach Menschen, Topfblumen und offnen Schlafzimmerfenstern.

Der Himmel wurde gelb wie Gift. Die Welt verstummte vor Beklemmung. Nur ein Riesenautobus schnob urweltlich und asthmatisch vorbei. Er ließ eine Andeutung von Ölruch in der Luft.

Die Alster erbleichte und starrte wie ein furchtvolles Tierauge zwischen den Häusermassen zum Himmel. Sie sah das Unabwendbare auf sich zukommen. Und sie erbleichte, daß es aussah, als hätten hunderttausend Fische plötzlich ihre Bäuche nach oben gekehrt. Die Kirchtürme waren ganz nah und wie nackt. Die Stadt duckte sich.

Auf einer Hauswand schleimten sich zwei Schnecken in weltentrückter Gelassenheit grußlos aneinander vorüber. Über sechs Stunden klebten sie sich gegenüber und jede von ihnen hatte erwartet, daß die andere ausweichen würde. Dann setzten sie sich endlich solidarisch zu gleicher Zeit in Bewegung. Und jede machte einen dünnen glitschigen Silberstrich an die Wand. Aus dem vielstockigen Haus kam kaum ein Laut. Eine Tür miaute. Und ein Kind fragte etwas. Sonst nichts. Nur unten im Hausflur klopften zwei Herzen. Die gehörten einem jungen Mann und einem Mädchen.

Als sich die beiden Schnecken unter den Blicken der beiden Menschen eine Handbreit von einander entfernt hatten, klirrte laut und unmißverständlich ein Fenster zu. Ein überraschender Wind jaulte auf, hob einen Fetzen Papier auf, klöterte eine leere Konservendose gegen die Steine und jachterte wie hundert hungrige Hunde durch die gelähmte Stadt. Riesige Regentropfen klatschten kalt und rhythmisch auf die Straßen.

Als der erste Blitz wie ein Riß über den Himmel ging, griff das Mädchen nach der Hand des jungen Mannes und drückte sie gegen ihre Brust. Der Donner bellte gereizt über den Dächern. Die beiden Menschen schlossen für Sekunden die Augen.

Der junge Mann war ein typischer Mann. Er wollte die so leicht gewonnene Stellung nicht nur halten, sondern nannte das Gewitter für sich ein unverschämtes Glück. Und er legte die andere Hand daneben und zog das Ganze an sich.

Das Ganze, das Mädchen, sah ihn an, als sähe sie ihn zum ersten Mal. Er nickte ihr großartig zu: Ja, das habe ich nun getan. Aber da nahm sie seine Hände von sich ab, schnell und stumm. Und weil sie ihn verstand, atmete sie erregt: Ja, du, das verstehe ich nicht. Dann lief sie in den Regen hinaus.

Der junge Mann war ein typischer junger Mann. Er sah die unwahrscheinlich dicken nassen Tropfen und hob die Schulter: Nein, ich verstehe das auch nicht. Kopfschüttelnd nahm er die eine Schnecke und backte sie wieder dahin, wo sie vor einer Stunde gewesen war. Er wischte sich die Hand an der Hose ab und setzte sich erschlagen auf die Treppe. Er kaute grimmig auf einem Gummiband.

Allmählich verblaßten die Blitze. Die Donner dämpften ihre Wut. Die Alster schwatzte glucksend mit den dicken Regentropfen. Es roch fruchtbar nach Milch und Erde. Die Rinde der Bäume war blaugrau und blank wie die Haut eines Elefanten, der eben aus dem Fluß steigt. In einer Nebenstraße zischte ein Auto durch die Pfützen.

Der junge Mann sah abschätzend zum Himmel. Da hing ein schmaler Mond. Der Himmel war durchsichtig und sauber wie eine frisch geputzte Fensterscheibe. Die Luft war seidig und die ersten Sterne stickten ein zaghaftes Muster in die aufkommende Nacht. Man hörte die Menschen tief atmen im Schlaf. Aber die Bäume, die Blumen und das Gras waren wach und tranken. Der letzte Donner war so klein, als wenn ein Kind einen Stuhl rückt.

BERTOLT BRECHT
BARBARA

Ich dachte lange darüber nach, wie diese Geschichte heißt. Aber dann wußte ich, daß sie »Barbara« heißt. Ich gebe zu, daß Barbara selber nur ganz am Anfang vorkommt und die ganze Geschichte hindurch in viel zu schlechtem Licht dasteht, aber die Geschichte kann gar nicht anders heißen als »Barbara«.

Edmund, genannt Eddi, 200 Pfund schwer, Melancholiker, tat sehr unrecht, mich abends 9 Uhr, nur weil wir ein paar Kurfürstendamm-Cocktails zusammen geschluckt hatten und sein Chrysler vor der Bar stand, in die Lietzenburger Straße 53 zu Barbara mitzunehmen, obwohl er wissen mußte, daß Barbara eine »sehr wichtige Unterredung mit einem Kabarettdirektor« hatte.

Wir klingelten, traten ein, hängten die Mäntel auf, sahen Barbara wütend auf uns zukommen, hörten sie: »Du machst mich noch wahnsinnig mit deiner idiotischen Eifersucht« schreien, worauf eine Tür zufiel und wir merkten, daß wir wieder unten vor Eddis Chrysler standen. Wir setzten uns sofort hinein.

Eddi fuhr ein sehr rasches Tempo. Er fuhr wie ein Windstoß durch zwei sich kreuzende Elektrische hindurch, am Kinn einer alten Dame entlang, um einen Schupomann herum, mit Vollgas über die Halenseer Brücke.

Und während der ganzen Zeit redete er in einem fort. Er sah genau so aus, als ob eine Fettkugel, mit einem kleinen steifen schwarzen Hut als Kopf, in ihrem Mittelpunkt einen kleinen schwarzen Schalthebel und zwischen diesem und dem Hut, alles sorgsam in Fett eingepolstert, ein ziemlich großes Lenkrad hätte und sich nun mit unheimlicher und zunehmender Schnelligkeit in der Richtung auf größere Wälder zu bewegte.

Und wie gesagt, dabei redete die Fettkugel.

»Siehst du«, sagte sie, »das war ja nur eine Kleinigkeit. Eine kleine Unhöflichkeit, verursacht durch starke Nervosität. Aber siehst du, diese Kleinigkeiten sind es eben, offen gestanden: Ich habe vollkommen genug davon. Was heißt Eifersucht? Wenn es jemand gibt, der nicht eifersüchtig ist, der dieses Gefühl überhaupt nicht kennt, nie gekannt hat, so bin ich es. Natürlich schwärme ich nicht für Kabarettdirektoren, aber das wäre auch zu viel verlangt. Natürlich ist es ihr Recht, solch einen Burschen bei sich zu empfangen, abends um 9 Uhr und im Pyjama, und wenn es jemand gibt, der ein Recht respektiert, jeder Art, bis an die Grenze, dann bin ich es. Aber es ist einfach leichtsinnig von Barbara. Das sage ich, nichts sonst. Eifersucht!

Ich kann dir gar nicht sagen, wie wütend ich werde, wenn ich solch einen Herrenulster in Barbaras Garderobe hängen sehe. Natürlich ist es nicht der Mantel. Ich weiß auch gar nicht, was es ist, aber ich habe einfach einen instinktiven Widerwillen vor Mänteln mit Pelzfutter. Mein eigener, den ich doch selber trage, ist mir zum Ekel. Aber ich habe mir ja längst verkniffen, meine eigenen Meinungen zu äußern. Ich muß dir sagen, daß es damit jetzt ein Ende hat. Endgültig.«

So sprach Eddi, als wir über die Halenseer Brücke waren. Im Grunewald war er schon viel weiter. Es war eine trübe Nacht mit einem widerlichen Nebel, und ich wäre lieber zu Hause gewesen. Aber Eddi hatte noch viel zu sagen.

Er hatte deutlich die Absicht, mich mit seiner Weltanschauung bekannt zu machen. Er sagte mir alles, was er dachte über die Welt. Er sagte es mir ungeschminkt und fuhr dabei ein Tempo von 90 Kilometer auf einem Weg, den es eigentlich gar nicht gab, außer in seiner Phantasie. Er war ein schlechter Philosoph und ein ausgezeichneter Autofahrer, aber sein Fahren war viel gefährlicher als seine Philosophie.

Er sagte, daß die Menschen überhaupt falsch konstruiert seien, einfach eine Fehlkonstruktion von der unausgeprobten Art, wie sie gewisse Firmen auf den Markt werfen, die sich zu wenig Zeit nehmen und dann ihren Schund mit einer hübschen Aluminiumkarosserie zudecken. Aber ich sah rasend vorüberflitzende Kiefern und hatte das Gefühl, daß das Tempo einfach zu rasch war.

Eddi gab noch etwas Gas, um das Tempo höher zu kriegen, und sagte mir, was er über die Frauen dachte. Die Frauen hielt Eddi, als er das Tempo auf 100 Kilometer gebracht hatte, für einen solchen Schund, daß er sich fragte, warum sie eigentlich immerfort über andere Haustiere gestellt würden, die weit zuverlässiger seien. Sie seien viel zu leichtes Zeug, Rabitzwände! In das Wort »Rabitzwände«, auf Frauen angewandt, verbiß er sich direkt. Er stieß es wiederholt hervor und fügte noch hinzu, daß sie einfach wegen Unsolidität von der Feuerpolizei verboten werden müßten, und kam so auf das erschreckende Tempo von 110 Kilometer.

Ich konnte Eddis Argumente gegen die Frauen in der Eile (110 Kilometer in der Stunde!) nicht nachprüfen, aber die Kiefern, die ich vorbeisausen sah, schienen mir ungeheuer solide und äußerst haltbar.

Das Unheimliche war, daß Eddis Weltschmerz einen Fuß hatte, der auf den Gashebel drückte. Da der Fuß nicht zu beseitigen war, konnte ich höchstens versuchen, etwas gegen den Weltschmerz zu tun.

Infolgedessen fing ich an, mitten in der Nacht, auf einer unbeleuchteten Chaussee, zwischen Wannsee und Potsdam, Grunewald usw., einer tollgewordenen Fettkugel die Vorzüge des Planeten zu zeigen. Ich sagte ihm, da ich unter solchen Umständen auf Details nicht eingehen konnte, einfach, daß alles relativ sei, obwohl ich sehen mußte, daß unsere Geschwindigkeit zweifellos absolut war. Wir bewegten uns keinesfalls »verhältnismäßig« schnell auf unseren Tod zu.

Als ich auf das Thema »Auf Regen folgt Sonnenschein« zu sprechen kam, rasten wir gerade einen waldigen Abhang hinunter, und als wir endlich unten über eine Wiese fuhrwerkten, konnte mein Vortrag über »die guten Seiten, die die Frauen auch hätten« natürlich nur von geringer Wirkung sein. Unten bekam Eddi die Straße wieder in Sicht und konnte seinen Wagen schnell wieder auf ein Tempo bringen, das seiner Verzweiflung angemessen war.

Ich war total erschöpft. Ich sah voraus, daß wir im Morgengrauen an irgendeinem, jetzt noch unbescholtenen Kilometerstein liegen würden, wir, das heißt ein ehemaliges Auto, ein ehemaliger Wahnsinniger und das ehemalige Opfer des Wahnsinnigen. Ich war schrecklich erbittert.

Wir fuhren eine Zeitlang, mindestens eine halbe Stunde, in finsterem Schweigen, aber mit keineswegs abnehmender Geschwindigkeit. Dann fuhr Eddi wieder einen Kiesabhang hinunter, und ich sagte kurz und barsch: »Du fährst saumäßig!«

Dieser Ausspruch, der mein Ernst war, übte eine große Wirkung auf Eddi aus. Er war bekannt als ausgezeichneter Fahrer. Es war das einzige, was er konnte.

Ein dumpfer Laut kam aus seinem unförmigen Körper. Es klang wie das Ächzen eines Mastodons, dem man gesagt hat, es sei zu schwächlich, um einen Grashalm auszurupfen.

Dann fuhr Eddi 120 Kilometer.

Wir waren gerade in einer sehr kurvenreichen Gegend. Eddi ging in jede Kurve mit Vollgas. Es war wenig Licht da, nur in den Dörfern gab es vereinzelte Lichterchen, aus Kuhställen usw. Bei einem davon sah ich in einem schwachen, blitzartigen Schimmer Eddis Visage; er hatte ein dünnes, verächtliches Lächeln auf seinem Kindergesicht, das nicht mehr von dieser Welt war.

Aber mitten in einem Walde, schwarz wie die Sünde, hackte der Motor.

Dann gab Eddi Gas.

Dann fuhr der Wagen langsamer.

Dann trat Eddi die Kupplung und gab wieder Gas.

Dann blieb der Wagen stehen.

Es war kein Benzin mehr drin.

Eddi stieg aus und stierte in den Benzinbehälter, sah in seiner Kanne nach, schüttelte sie und setzte sich gebrochen auf das Trittbrett. Es war in einem Wald ohne Anfang und Ende, einem Wald, der sicher auf der Karte nicht verzeichnet war. Er mußte ziemlich weit östlich liegen, denn es war kalt wie in einem Eisloch.

Und damit ist meine Geschichte im Grunde aus. Ich kann nur noch sagen, daß gegen Morgen zu in einem abgelegenen Dörfchen zwei Männer gesehen wurden, die einen Chrysler vor sich her schoben, während der eine, schlanke, dem anderen alles sagte, was er über ihn dachte und noch einiges mehr, und der andere, eine ramponierte Fettkugel ohne jede Form, schnaufend schob und ab und zu lachte.

Aber es war ein kindliches und fröhliches Lachen.

Bertolt Brecht
DIE DUMME FRAU

Ein Mann hatte eine Frau, die war wie das Meer. Das Meer verändert sich unter jedem Windhauch, aber es wird nicht größer noch kleiner, auch ändert die Farbe sich nicht, noch der Geschmack, auch wird es nicht härter davon noch weicher, wenn aber der Wind vorbei ist, dann liegt es wieder still, und es ist nicht anders geworden. Und der Mann mußte über Land.

Und da er fortging, gab er der Frau alles was er hatte, sein Haus und seine Werkstatt und den Garten um sein Haus und das Geld, das er sich verdient hatte. »Dies alles ist mein Eigen, und es gehört auch dir. Du mußt darauf achthaben.« Da hing sie an seinem Hals und weinte und sagte zu ihm: »Wie soll ich das? Denn ich bin ein dummes Weib.« Aber er sah sie an und sprach: »Wenn du mich lieb hast, dann kannst du es.« Und dann nahm er von ihr Abschied.

Da nun die Frau allein zurückgeblieben war, bekam sie sehr Angst um alles, was in ihren schwachen Händen lag, und sie ängstigte sich sehr. Deshalb hing sie sich an ihren Bruder, welcher ein schlechter Mensch war, und er betrog sie. Darum wurde ihr Gut immer geringer, und als sie es merkte, war sie ganz verzweifelt und wollte nichts mehr essen, daß es nicht weniger wurde, und schlief nicht des Nachts, und davon wurde sie krank.

Da lag sie in ihrer Kammer und konnte nicht mehr umsehen im Hause, und es verfiel, und der Bruder verkaufte davon die Gärten und die Werkstatt und sagte es nicht zu der Frau. Die Frau lag in ihren Kissen, sagte nichts und dachte: Wenn ich nichts sage, ist es nichts Dummes, und wenn ich nicht esse, dann wird es nicht weniger.

So geschah es, daß eines Tages das Haus versteigert werden mußte. Dazu kamen viele Leute von überall her, denn es war ein schönes Haus. Und die Frau lag in ihrer Kammer und hörte die Leute und wie der Hammer fiel und wie die Leute lachten und sagten: »Es regnet durch das Dach, und die Mauer fällt ein.« Und dann wurde sie schwach und schlief ein.

Als sie wieder aufwachte, lag sie in einer hölzernen Kammer in einem harten Bette. Auch gab es nur ein ganz kleines Fenster in großer Höhe, und es ging kalter Wind durch alles. Und eine alte Frau kam herein und fuhr sie bös an und sagte ihr, daß ihr Haus verkauft sei, aber die Schuld sei noch nicht gedeckt, und sie nähre sich von Mitleid, und das Mitleid sei für ihren Mann. Denn der habe nun gar nichts mehr. Da ward die Frau, als sie das hörte, im Kopfe wirr und ein wenig irre, und sie stand auf und fing an zu arbeiten von dem Tag an, im Hause herum und auf den Feldern. Und sie lief in schlechten Kleidern und aß fast nichts und verdiente doch auch nichts, weil sie nichts verlangte. Und da hörte sie einmal, ihr Mann sei gekommen.

Da bekam sie aber eine große Angst. Und ging rasch hinein und zauste ihr Haar und suchte ein frisches Hemd, und es war keins da. Und sie strich über die Brust, daß sie's verberge, und da war sie ganz dürr. Und ging hinaus durch eine kleine Tür hinten und lief fort, irgendwohin.

Da sie nun eine Zeitlang gelaufen war, fiel es ihr ein, daß es ihr Mann sei, und sie waren zusammengetan, und nun lief sie ihm fort. Da kehrte sie gleich um und lief zurück, dachte nicht mehr an das Haus und die Werkstatt und das Hemde und sah ihn von weitem und lief auf ihn zu, und da hing sie an seinem Hals.

Der Mann aber stand mitten in der Straße, und die Leute lachten über ihn unter den Türen. Und er war sehr zornig. Er hatte aber die Frau am Halse, sie tat den Kopf nicht weg von seinem Hals und nicht die Arme von seinem Nacken. Und er fühlte, wie sie zitterte, und meinte, es sei ihre Angst, da sie alles vertan hatte. Aber sieh, da hob sie endlich ihr Gesicht und sah ihn an, und da sah er, daß es nicht ihre Angst, sondern ihre Freude war, und weil sie sich so freute, zitterte sie. Da kam ihm etwas in den Sinn, und er schwankte auch und legte den Arm um sie, fühlte gut, daß sie mager geworden war in den Schultern und küßte sie mitten auf ihren Mund.

HANSJÜRGEN WEIDLICH
KEINER SAGTE EIN WORT

Sie war die Frau eines anderen; aber das wußte ich nicht. Sie begegnete mir dann und wann auf der Straße. Oft ging sie mit einem etwa zwölfjährigen Jungen, den ich für ihren kleinen Bruder hielt, denn sie schätzte ich auf höchstens Anfang zwanzig.

Als ich sie zum ersten Mal sah, ging sie allein. Es war ein stürmischer Herbsttag. Sie trug einen Regenmantel, aber keinen Hut. Der Wind warf ihr das Haar ins Gesicht, schwarzes strähniges Haar. Ich hätte sie nicht mehr als andere Menschen beachtet, jedoch etwas ging von ihr aus, das mich traf. Kannte ich sie? Nein, ich hatte ihr Gesicht noch nie gesehen. Und doch war es mir vertraut. Woher? Warum?

Sie hatte meinen suchenden Blick bemerkt. Während wir aneinander vorbeigingen, sah sie mich fragend, dann plötzlich wie in Furcht an, schüttelte den Kopf, als wollte sie sagen: Nein! Nein! – und strich mit der linken Hand rasch das Haar aus ihrem Gesicht. Es war deutlich eine Verlegenheitsgeste, die ihr Kopfschütteln vor mir begründen sollte. Dann waren wir aneinander vorbei.

Ich sah mich nicht nach ihr um, obwohl es mich drängte, mich nach ihr umzusehen. Aber ich tat es nicht; um ihretwillen tat ich es nicht. Was hatte sie von mir gefürchtet? Warum hatte sie so angstvoll-abwehrend den Kopf geschüttelt?

Ich wurde ihr Bild nicht wieder los; und wenngleich ich mich gar nicht darum bemühte, ich verlor es nicht.

An einem Regentag stieg ich in die Straßenbahn. Der Wagen war vollbesetzt. Ich wurde in den Gang zwischen den Querbänken gedrängt. Dort hielt ich mich an einer der Rückenlehnen fest. Vor mir stand eine Dame. Sie hatte den Arm zu dem Halteriemen über mir hinaufgestreckt und hielt ihn mit ihrer behandschuhten Hand fest umspannt. Plötzlich, nachdem wiederum neue Fahrgäste eingestiegen waren, wurde ich mit einem Stoß gegen sie gedrückt. Ich entschuldigte mich. Mit einem Lächeln wandte sie ihr Gesicht rückwärts über den Arm und nickte mir zu. Aber da erkannte sie mich, und das Lächeln wurde starr. Es war sie!

Sie wandte ihr Gesicht rasch wieder nach vorn. Und als wir nun wie vorher, scheinbar beziehungslos, hintereinanderstanden, war mir, als stünde jetzt ihr wie mir der Atem still, und als hörten wir zugleich beide unser Herz laut schlagen.

An einer der nächsten Haltestellen stieg sie aus. Ich sah, wie sie ihre Hand aus dem Griff löste, und erst da wurde mir jäh bewußt, daß ich sie nun aufs neue verlor. So lange waren wir ›wir‹ gewesen, ich war ihr nahe gewesen wie sie mir, so nahe, daß mein Gesicht ihr Haar hätte berühren können, dieses glatte schwarze Haar wie die Mähne eines Rappen.

Ich sah sie wieder in der Straße, in der ich sie zum ersten Mal gesehen hatte. Sie ging mit dem Jungen, den ich für ihren kleinen Bruder hielt. Wäre der Junge nicht bei ihr gewesen, ich hätte sie sicherlich gegrüßt.

Wir begegneten uns in dieser Straße, wie wenn wir uns begegnen sollten, und von Mal zu Mal mehr – obwohl wir nie ein Wort zueinander gesprochen hatten, außer dem Wort »Verzeihung«, das ich in der Straßenbahn zu ihr gesagt hatte – schien es, als hätten wir untereinander verabredet, uns bei jeder Begegnung mit einem leichten Neigen des Kopfes oder einem nur dem anderen erkennbaren leisen Lächeln zu grüßen.

In jener Zeit plante ich zum ersten Mal in meinem Leben, außerhalb der Stadt ein kleines Haus zu bauen. Aber ich konnte den Plan nicht verwirklichen, ehe ich nicht einen Prozeß gewonnen hatte. Im Vorzimmer meines Rechtsanwalts, während ich dort wartete, wurde ich mit einem Architekten bekannt. Wir kamen ins Gespräch. »Haben Sie denn schon Entwürfe zu Ihrem Bau? Sonst kommen Sie zu mir nach Haus! Wir können Ihr Häuschen doch schon mal skizzieren?« Ich dankte ihm und erklärte, bevor ich nicht mit Sicherheit wüßte, daß ich bauen könnte, würde ich auch für Bauzeichnungen kein Geld ausgeben. »Geld, Geld! Papperlapapp! Mir macht das Freude, ein Häuschen zu entwerfen! Menschenskind, wenn man immer nur ans Geld dächte, käme man ja überhaupt nicht mehr zu einem Vergnügen!«

Seine Art war so liebenswürdig, daß ich ihm nachgeben mußte. »Also abgemacht«, sagte er. »Sie kommen nach dem Abendessen. Dann haben wir die ganze Nacht Zeit und bauen Ihr Schloß!«

Am verabredeten Abend ging ich hin. Er wohnte im vierten Stock eines Mietshauses. Ich klingelte, und gleich darauf öffnete er selbst. »Meine Frau sagt meinem Jungen noch Gute Nacht. Moment! – Renate!« rief er im Treppenhaus hinauf. »Unser Gast ist da! – Ich habe nämlich unsere Bodenkammer zu einem Zimmer umgebaut. Nachher, wenn der Junge schläft, zeige ich sie Ihnen mal. Sehr hübsch! Da oben kann der Junge hobeln, da bastelt er, da macht er seine Schularbeiten; das ist s e i n Reich! – Übrigens, damit Sie sich nicht wundern, wenn meine Frau gleich kommt: sie ist nicht seine Mutter. Seine Mutter ist tot. Sie war meine erste Frau.«

Indessen waren wir in die Wohnung gegangen, ich hatte meinen Mantel abgelegt, und nun hatten wir kaum das Zimmer, in das er mich führte, betreten, als seine Frau eintrat.

»Renate! Unser Gast! – Was ist denn? Kennt ihr euch schon?«

Es war sie!

Wir standen beide gelähmt. Ihr Mann sah von ihr zu mir. Ich wußte nicht, was ich sagen sollte. Durfte ich sagen, daß wir uns längst von Ansehen kannten? Verriet ich dann nicht, daß es mehr war als ›Kennen‹: daß wir auf den ersten Blick, und bei jeder Begegnung wieder, unseren Herzschlag gefühlt hatten – so, als gehörten wir für immer zusammen oder seien füreinander bestimmt?

Aber wir waren uns zu spät begegnet! Sie hatte es gewußt, darum ihr jähes abwehrendes Kopfschütteln. Jetzt verstand ich es. Es hieß: Nie!

»Ich hatte mir«, sagte ich, »die Mutter eines Jungen, der schon ein eigenes Bastelzimmer hat«, und nun hatte ich mich gefaßt, und mir gelang sogar ein Lächeln, »– etwas älter vorgestellt.«

»Habe ich Sie nicht gewarnt, Sie sollten sich nicht wundern? – Er ist ein Flegel, Renate; oder er wollte dir schmeicheln? Aber sonst, glaube ich, ist er ein netter Mensch. Bloß Prozesse sollte er nicht führen. – Um einen Prozeß zu gewinnen, mein Lieber, müßten Sie viel mehr Gauner sein! – Renate, was ist denn? Gefällt dir unser Gast nicht?«

Sie war rot geworden. Sie gab sich Mühe zu lächeln. »Erst«, sagte sie langsam, »bringst du unseren Gast in Verlegenheit. Nun mich. Bitte! Mußt du immer so poltrig sein?«

»Poltrig?« sagte er. »Ich bin nur geradezu. Ich mag nun mal keinen Klimbim; papperlapapp!«

Nach diesem ersten Besuch wurde ich wieder und wieder eingeladen. Manchmal wich ich den Einladungen aus, obwohl es mir schwer fiel zu verzichten, Renate mit Gewißheit wiederzusehen. Aber was war i h r lieber: daß ich kam, oder wenn ich wegblieb? Ich wußte es nicht.

Erst mit der Zeit verlor ich diese Bedenken, und vor jeder Einladung freute ich mich unbefangen auf Renate, denn wenn ich kam, sah ich ihr an, daß sie sich auf mich ebenfalls gefreut hatte. Jedoch, nie sprachen wir ein Wort, warum wir uns aufeinander freuten. Und auch kein einziges Mal sprachen wir davon, daß wir uns ja schon lange, lange ›kannten‹.

Auf einmal wurde ich nicht mehr eingeladen. Ich sah Renate auch nicht mehr in der Straße, in der ich ihr so oft begegnet war. Dann kam ein Brief, der mir alles erklärte: ›Wir haben einen Sohn bekommen...‹

Ich wartete, bis ich von dem Architekten erfuhr, Renate sei wieder zu Hause: Wenn ich sie besuchen wolle, um ihr zu gratulieren, so solle ich nur zu ihr gehen; es werde ihr keinen Schaden tun, und dem Kind auch nicht. »Was macht denn Ihr Prozeß? Haben Sie ihn gewonnen? – Mann, hören Sie endlich auf damit! Sie gewinnen doch nie! Ich, mit meiner Sache, bin längst fertig! Meine Firma muß zahlen. Natürlich nimmt sie mir das übel.«

Ich wußte nicht, was für Blumen ich Renate bringen sollte. Ich kaufte einen Fliederstrauß. Weißen Flieder, mit langen Stielen. Am Vormittag, zwischen elf und eins, ging ich hin. Ich wartete, ehe ich klingelte, und nachdem ich geklingelt hatte, fühlte ich noch deutlicher, wie stark mein Herz klopfte. Ich hatte noch nie Renate allein einen Besuch gemacht. Aber niemand öffnete.

Womöglich fährt sie gerade das Kind spazieren? Oder ich komme zur unrechten Zeit? Ich wollte auf keinen Fall stören, darum wiederholte ich nicht mein Klingeln und wollte schon wieder gehen. Aber was sollte ich mit dem Flieder tun? Sollte ich ihn wieder mitnehmen? Vielleicht, dachte ich, ist der Junge oben in seinem Zimmer?

Ich stieg hinauf. Ich war schon einmal oben gewesen und hatte das Zimmer gesehen. Ich klopfte an. Noch einmal. Ich horchte. Stille. Ich faßte auf die Klinke. Die Tür war nicht verschlossen. Ich öffnete. Weder an seinem Arbeitstisch war der Junge, noch stand er an der Hobelbank. Er war nicht im Zimmer. War er weggegangen und hatte vergessen, das Zimmer abzuschließen? Da hörte ich ein Schmatzen, und erst da wurde ich gewahr, daß in dem Zimmer eine Wiege stand. Ja, hatte der Junge auf das Kind aufpassen sollen und war, weil ihn das möglicherweise gelangweilt hatte, einfach davongelaufen? Aber man konnte ein kleines winziges Kind doch nicht allein lasen!

Ich schlich mich an die Wiege. Das Kind schlief. Was sollte ich tun? Hierbleiben und Wache halten? Am besten war wohl, ich stellte mich vor die Tür: dort konnte ich auch beobachten, wann im Treppenhaus jemand heraufkäme oder unten die Wohnung aufschlösse.

Ich wollte gerade hinausgehen, da sah ich Renates Rappenmähne.

Renate lag im Bett des Jungen, mit dem Gesicht zur Wand. Schlief sie?

Ich wagte nicht zu atmen. Wenn sie aufwachte und dann mich sähe! Hier! Als Eindringling in dem Zimmer, in dem sie sich schlafen gelegt hatte! Mit ihrem Kind!

Auf Zehen wollte ich hinausschleichen, da bewegte sich Renate. Ich sah ihr Gesicht. Es war schön. Es war schöner geworden. Es war das schöne Gesicht einer Frau, einer Mutter.

Ich hielt meinen Fliederstrauß fest mit der linken Hand, damit das Seidenpapier, das die Stiele umhüllte, nicht raschelte. Dann streckte ich behutsam meine rechte Hand aus und strich leicht über Renates Haar.

Renate bewegte sich nicht. Sie atmete kaum. Ihr Mund hatte sich geöffnet, und nun hatte ihr Gesicht jenen kaum merklichen Ausdruck des Lächelns, den sie mir so oft bei unseren Begegnungen gezeigt hatte.

Auf Zehen, leise, ging ich hinaus, schloß leise hinter mir die Tür und stieg leise die Treppe hinab.

Und dann stand ich mit meinem Fliederstrauß auf der Straße und wußte nicht, wohin mit ihm. Aber ich war glücklich!

Am anderen Tag wiederholte ich meinen Besuch. Diesmal ging ich am Nachmittag. Der Flieder war frisch geblieben. Zwar waren die Blüten weiter aufgeblüht, aber nun war ihr Duft noch strömender.

Renate war in der Wohnung. »Oh, dieser schöne Flieder!« sagte sie. »Wie ich mich freue! Sie wissen gar nicht, *was* für eine Freude Sie mir mit diesem Flieder machen! Ich danke Ihnen!«

»Er ist leider schon einen Tag alt«, sagte ich. »Ich war gestern schon hier; aber da hat niemand geöffnet.«

»Ach, das ist möglich«, sagte sie. »Ich bin jetzt meist oben. Ich habe das Zimmer des Jungen für uns hergerichtet, für das Kind und mich. Da oben stören wir beide niemanden – und niemand stört uns.«

Ich wurde jäh rot. »Ach so«, sagte ich schnell, »darum war gestern niemand hier unten!«

Renate beschäftigte sich mit dem Flieder. »Der Junge war wohl noch in der Schule«, sagte sie. »Jetzt ist er ja auch wieder weg. Da kann es schon vorkommen, daß niemand in der Wohnung ist.«

Sie hatte den Flieder in eine Vase gestellt; nun ordnete sie ihn. Eine Weile schwiegen wir. Es war ein gespanntes Schweigen.

Plötzlich richtete sich Renate über dem Flieder auf. »Es ist wirklich ganz herrlicher Flieder!« sagte sie. »Bitte, setzen Sie sich endlich!« Sie selbst setzte sich. Dann sah sie mich an, unverwandt, schweigend, mit so leuchtenden Augen, wie ich sie noch nie an ihr gesehen hatte.

»Es ist schöner geworden«, fragte ich, »ja?«

»Ach, es ist herrlich! Es ist das Schönste, was ich je erlebt habe! Ich kann Ihnen gar nicht sagen, *wie* schön es ist!«

Es war eine unverhüllte Liebeserklärung an ihr Glück. Spontan, ungehemmt, wie eine lange aufgestaute Flutwelle, die sich endlich befreit, brach sie aus ihr hervor. Ich fühlte, wie ihr Strom auch mich ergriff, und ich wußte: Dieser Augenblick ist der schönste, den Renate mir je geschenkt hatte.

Dann kam ganz plötzlich der Abschied. Renates Mann hatte eine Stellung im Ausland angenommen. Seine Firma hatte ihn längst schon loswerden wollen, weil er seinen Vorgesetzten zu tüchtig war. Das Angebot aus dem Ausland war so gut, daß er ohne zu zögern zugriff, obwohl seine Familie zunächst zurückbleiben mußte. Aber er war kaum angekommen, da ergab sich durch das Freiwerden eines Hauses, daß nun seine Familie sofort folgen konnte.

Das alles erfuhr ich völlig überraschend von Renate. Sie war schon mitten in den Vorbereitungen. Ich war hinaufgegangen, um ihr zu sagen, daß ich kurze Zeit verreiste. Das war aber nur ein vorgeschobener Grund. Der eigentliche Grund war: Ich hatte sie lange nicht gesehen und wollte sie wiedersehen.

»Sie kommen doch aber bald zurück?« fragte sie. »Wir müssen uns doch noch sehen! Wollen Sie uns nicht aufs Schiff bringen?«

Ich versprach es. Aber als ich wiederkam, waren sie schon fort. Nur ein Brief von Renate war für mich da. Ich überflog ihn: »In Eile und Aufregung ...« hatte Renate geschrieben. »Die Firma hat schon eine Kabine auf einem anderen Schiff bestellt. Sie bezahlt die Überfahrt. Morgen fahren wir.

Ich habe beim Räumen Ihre Baupläne gefunden und schicke sie Ihnen. Hoffentlich können Sie das Haus einmal bauen. Ich würde mich so freuen! Schade, daß Sie Ihren Prozeß verloren haben!«

Und dann las ich den letzten Absatz.

»Ich wünsche Ihnen von Herzen alles Gute! Ich werde nie vergessen, wie Sie mit dem Flieder plötzlich oben im Zimmer standen. Ich werde es nie, nie vergessen!«

Ingeborg Bachmann
DIE FÄHRE

Im hohen Sommer ist der Fluß ein tausendstimmiger Gesang, der, vom Gefälle getragen, das Land ringsum mit Rauschen füllt. Nahe am Ufer aber ist er stiller, murmelnder und wie in sich selbst versunken. Er ist breit, und seine Kraft, die sich zwischen das Land legt, bedeutet Trennung. Gegen Norden ist das Tal dunkel und dicht, nahe liegt Hügel an Hügel, aufwärtsgewölbt hängen Wälder nieder, und in der Ferne heben sich die steileren Höhen, die an hellen, freundlichen Tagen einen milden Bogen in das Land hinein bilden. Über den Fluß liegt im ersten Dunkel der waldigen Enge das Herrenhaus. Der Fährmann Josip Poje sieht es, wenn er Menschen und Last hinüberführt. Er hat es immer vor sich. Es ist von brennender weißer Farbe und scheint plötzlich vor seinen Augen auf.

Josips Augen sind jung und scharf. Er sieht, wenn sich ferne im Gesträuch die Zweige biegen, er wittert die Gäste der Fähre, gleich, ob es die Korbflechterinnen sind, die um Ruten an das andere Ufer fahren, oder Handwerksleute. Manchmal kommt auch ein Fremder oder ganze Gesellschaften mit lachenden Männern und buntgekleideten, heiteren Frauen.

Der Nachmittag ist heiß. Josip ist ganz mit sich allein. Er steht auf der kleinen Brücke, die vom Ufer über die lange Strecke weichen Sandes führt. Die Anlegestelle ist mitten in die Einsamkeit des Buschlandes gebaut, eine Fläche, die sich sandig und versteint bis zum allmählichen Übergang in Wiese und Feld ausdehnt. Man kann das Ufer nicht überschauen, jeder Blick ertrinkt im Gesträuch, und kleine, wenig verhärtete Wege sind dazwischen wie frische Narben. Allein das Wechselspiel der Wolken an diesem unsteten Tag ist Veränderlichkeit. Sonst ist die Ruhe ermüdend, und die schweigende Hitze drückt allen Dingen ihr Mal auf.

Einmal wendet sich Josip. Er blickt zum Herrenhaus hinüber. Das Wasser liegt dazwischen, aber er sieht doch an einem der Fenster den »Herrn« stehen. Er, Josip, kann viele Stunden ruhig stehen oder liegen, er kann Tag für Tag das gleiche Wasser hören, aber der Herr im weißen Haus, das sie manchmal das »Schloß« nennen, muß Ruhelosigkeit in sich tragen. Er steht bald an diesem, bald an jenem Fenster, manchmal kommt er den Wald herunter, daß Josip meint, er wolle den Fluß überqueren, aber dann verneint er, so gut dies über das Brausen geht. Er streift zwecklos am Ufer entlang und kehrt wieder um. Josip sieht das oft. Der Herr ist sehr mächtig, er verbreitet Scheu und Ratlosigkeit um sich, aber er ist gut. Alle sagen es.

Josip mag nicht mehr daran denken. Er sieht forschend nach den Wegen. Es kommt niemand. Er lacht. Er hat jetzt seine kleinen Freuden. Er ist schon ein

Mann, aber es macht ihm noch immer Vergnügen, die platten Steine aus dem Sand zu suchen. Er geht bedächtig im feuchten, nachgebenden Sand. Er wiegt den Stein prüfend in den Händen; dann schwingt er, sich beugend, den Arm, und in schwirrendem Flug saust das übermütige Stück über die Wellen, springt auf und weiter und springt wieder auf. Dreimal. Wenn er es öfter macht, springen die Steine aber achtmal auf. Sie dürfen nur nicht plump sein.

Stunde auf Stunde stiehlt sich fort. Der Fährmann ist lange schon ein stummer, verschlossener Träumer. Die Wolkenwand über den entfernten Bergen wird höher. Vielleicht geht der Schein der Sonne bald weg und schlingt goldene Säume in die weißnebeligen Paläste. Vielleicht kommt dann auch Maria. Sie wird wieder spät kommen und Beeren im Korb tragen oder Honig und Brot für den Herrn. Er wird sie über den Fluß fahren müssen und ihr nachsehen, wenn sie gegen das weiße Haus geht. Er versteht nicht, warum Maria dem Herrn alle Dinge in das Haus tragen muß. Er soll seine Leute schicken.

Die späten Nachmittage bringen Verwirrung. Die Bedenken verfliegen mit dem Ermüden. Die Gedanken sind auf heimlichen Wegen. Der Herr ist nicht mehr jung. Er wird kein Verlangen tragen, das so schmerzt wie das des jungen Josip Poje. Warum muß Maria an ihn denken, wo er nie nach ihr sieht, sondern an große Dinge denkt, die unverständlich und dunkel für sie sind! Sie kann viele Male zu ihm kommen, er wird sie nicht sehen, wenn sie kein Wort sagt. Er wird ihre Augen nicht verstehen und die Schweigende fortschicken. Er wird nichts von ihrer Traurigkeit und ihrer Liebe wissen. Und der Sommer wird vergehen, und im Winter wird Maria mit ihm tanzen müssen.

Die kleinen Mücken und die Fliegen, die nach Sonnenuntergang so lebendig werden, schwärmen schon.

Sie suchen immer durch die Luft, fliegen geruhsame Kreise, bis sie mit einem Mal zusammenstoßen. Dann lösen sie sich und schweben weiter, bis sich das wiederholt. Irgendwo singen noch Vögel, aber man hört sie kaum. Das Rauschen des Flusses ist Erwartung, die alles andere in sich erstickt. Es ist ein lautes Lärmen, das mit Bangen und Erregung gefüllt ist. Kühle weht auf und ein trüber Gedanke in ihr. Man müßte blind sein und sähe doch den weißen Fleck der Mauer vom anderen Ufer durch den Wald scheinen.

Der Abend ist da. Josip denkt daran, nach Hause zu gehen, doch er wartet noch ab. Es ist schwer, einen Entschluß zu fassen. Aber nun hört er, daß Maria kommt. Er sieht nicht hin, er will gar nicht hinsehen, aber die Schritte sagen genug. Ihr Gruß ist zag und hilflos. Er blickt sie an.

»Es ist spät.« Seine Stimme ist voll Vorwurf.

»Du fährst nicht mehr?«

»Ich weiß nicht«, erwidert er. »Wo willst du noch hin?« Er ist von fremder Unerbittlichkeit beherrscht.

Sie wagt nicht zu antworten. Sie ist stumm geworden. Sein Blick ist ein Urteil. Er bemerkt, daß sie nichts bei sich trägt. Sie hat keinen Korb, keine Tasche, auch kein Tuch, das sich zum Bündel wölbt. Sie bringt nur sich.

Sie ist ein törichtes Mädchen. Er ist voll Verwunderung und versteht sie nicht und verachtet sie ein wenig. Aber die Wolken haben nun ihren glühenden Saum. Die Wellen im Strom sind bedächtiger und breiter als am Tage, die Strudel inmitten dunkler und gefährlicher. Niemand wird wagen, jetzt mit einem Boot über das Wasser zu fahren. Nur die Fähre bietet Sicherheit.

Der Wind streicht über Josips Stirne, aber sie bleibt trotzdem heiß. Eine Regung, die ihn erzürnt, stürzt ihn in Verwirrung. Das Seil der Fähre stellt eine Verbindung her, löst die Grundlosigkeit und weist gerade und unfehlbar an das andere Ufer, auf das weiße Herrenhaus.

»Ich fahre nicht«, weist er Maria ab.

»Du willst nicht?« Ahnung steigt in dem Mädchen auf. Es hebt einen kleinen Beutel und frohlockt: »Ich werde dir doppelt so viel zahlen!«

Er lacht erlöst. »Du wirst nicht genug Geld haben. Ich fahre nicht mehr.«

Warum steht sie noch immer hier? Das Aufeinanderschlagen des Geldes verklingt. Zutraulichkeit ist in ihrem Gesicht und Bitte. Er verstärkt seine Abweisung und seinen Vorwurf.

»Der Herr wird dich nicht ansehen. Dein Kleid ist nicht fein, und deine Schuhe sind schwer. Er wird dich fortjagen. Er hat anderes zu denken. Ich weiß es, denn ich sehe ihn alle Tage.« Er ängstigt das Mädchen. Nach einer von Nachdenklichkeit erfüllten Minute stehen Tränen in ihren Augen.

»Im Winter wird der Herr nicht mehr hier sein. Er wird dich schnell vergessen.« Josip ist ein schlechter Tröster. Er ist bekümmert. Er wird sie nun doch über den Strom bringen. Die Ratlosigkeit in seinem Gesicht breitet sich mehr und mehr aus. Er sieht zu Boden. Hier ist aber nichts als die Fülle des Sandes. Ein schöner Plan verschwimmt in der Öde starrender Unentschlossenheit.

Als Maria sich langsam wendet, um zu gehen, versteht er sie zum zweitenmal an diesem Sommerabend nicht.

»Du gehst?« fragt er.

Sie bleibt nochmals stehen. Er freut sich nun. »Ich werde auch bald gehen.«

»Ja?«

Er macht sich an der Fähre zu schaffen. »Ich denke an den Winter. Wirst du mit mir tanzen?«

Sie blickt auf ihre Schuhspitzen. »Vielleicht... Ich will jetzt heimgehen.«

Ein wenig später ist sie fort. Der Fährmann Josip Poje denkt, daß sie vielleicht trotzdem traurig ist. Aber es wird einen lustigen Winter geben. Josip sucht einen

Stein und schleudert ihn über das Wasser. Der Fluß ist merkwürdig trüb, und in der Mattheit des Abends hat keine Welle den schäumenden Silberkranz. Es ist nicht mehr als ein graues Wogen, das sich mit breiter Kraft zwischen das Land drängt und Trennung bedeutet.

Jurij Brezan
WIE KRABAT DIE SMJALA VERLOR

Smjala war das Geschöpf der ersten Sehnsucht Krabats: das Leben erst einen Sonnenuntergang alt, und das Paradies noch in Sichtweite. Dann versank das Paradies im Niegewesenen, und Krabat verlor Smjala in einem Herbst. Manche sagen: lange vor Erfindung des Rades, andere meinen, es sei in der Zeit der Großen Sintflut gewesen...

Am Morgen nach der fünften Nacht mit Smjala holte Krabat – der Brunnen auf dem Hügelchen war noch nicht tief genug ausgeschachtet – Wasser aus der Satkula, als eben ein Mädchen in den Bach stieg, um zu baden. Das Mädchen war überall dort blond, wo Smjala braun war, ihre Brüste schienen heller, das Rot ihrer Spitzen aufreizender, und ohne Zeit mit Denken zu verlieren, sprang auch Krabat ins Wasser. Das Mädchen schwamm wie ein Fisch, Krabat schwamm wie ein Fischotter, der Otter zog das Fischlein ans Ufer, und das Fischlein war kein Fisch, die Bachkühle verdampfte, und bevor noch oben auf dem Hügelchen der Hahn dreimal gekräht hatte, hatte unten am Bach das Fischlein dreimal die Sprache gefunden und wieder verloren. In der Nacht jedoch dachte Krabat, braun ist doch wärmer als blond, um am nächsten Morgen wiederum zu meinen, aber blond ist frischer und leuchtender in der Sonne als braun unter den Sternen.

Einmal in solche Farbgedanken geraten, und weil Neugier den Mann macht, dehnte er seine Gänge nach Wasser weiter und weiter aus und ließ Smjala dürsten.

Eines Morgens schlug er einen Bogen um die Stelle, wo das blonde Mädchen badete, und zog bachaufwärts bis in die Waldhügel im Süden, die von weitem wie Berge erscheinen. Dort traf er, schon tief im Wald, ein Mädchen, das Beeren sammelte. Ein dicker schwarzer Zopf baumelte ihr über die Schulter nach vorn, als sie sich bückte; ihre Hüften erschienen rund und fest, und ihre dunklen Augen wurden noch dunkler, als Krabat nach ihren Beeren griff. Die Beeren waren süß und schwer wie Tokayer Wein, und Krabat wurde davon so taumelig und wirr, daß er den Pfad nicht mehr fand und sich verirrte.

Als die Sonne unterging, geriet er auf eine Lichtung, eine Hütte stand dort mitten in einem Urwald von Blumen aller Art, und vor der Hütte saß auf einem Birkenbänkchen ein Mädchen und kämmte sein Haar, das Haar lohte wie die Abendsonne.

Das Mädchen sang das Lied von der Loreley, und wie der Fischer in seinem Kahn, so trieb Krabat durch das Blumenmeer auf sie zu, ertrank nicht im Rheinstrom, sondern in der roten Flut ihrer Haare und dem Tausendblumenduft ihrer Haut. Die Nacht lang zählte er ihre Sommersprossen und verzählte sich siebenmal. Bei Sonnenaufgang taumelte er aus der Hütte, fand die Satkula und an ihr entlang seinen Weg nach Hause, halb wie ein redlicher Zecher, halb wie ein unredlicher Buchhalter.

Als er heimkam – und auch den Wasserkrug hatte er vergessen bei der Loreley – war der Brunnen tief in die Erde gegraben, mit groben Steinen eingefaßt, waren die Steine in der kühlen Tiefe grün bemoost, trieb die Linde, mächtig ausgewachsen, mitten aus ihrem hohlen Leib einen neuen Stamm, und aus der Hütte trat ein Mann – Krabat glaubte sich selbst zu sehen.

Wer bist du, fragte Krabat den nicht-anderen Mann, der sich noch nie im Spiegel erblickt hatte, und darum sich vor Krabat nicht verwunderte. Ich bin ich, antwortete der Mann, manche nennen mich Serbin.

Krabat bat um einen Schluck Wasser. Der Mann reichte ihm einen Becher, das Wasser aus dem tiefen Brunnen war klar und kalt wie Tautropfen im Oktober.

Krabat saß auf dem Brunnenstein, sah in der Ferne die blauen Hügel, hier die Wiesen, sanft zur Satkula fallend, und in der Aue sieben Dörfer.

Er saß, bis vom Bach die Nebel stiegen, dann ging er zur Mühle hinab. Der Müller dort war ein lustiger, fremder Mann.

Krabat setzte sich an den Bach, sah den Wasserläufern zu, die hin und her rannten, es schien, als spännen sie ein Netz, das Wasser darin zu fangen. Aber das Wasser rann hinweg unter dem Netz, nicht einzufangen, nicht festzuhalten.

Als das Käuzchen jagte und der Uhu über die Felder strich, hockte der Wassermann auf dem Stamm einer hohlen Weide, er brach kleine Stücke aus ihrer Borke und ließ sie murmelnd in den Bach fallen.

Bruder Wassermann ... sagte Krabat.

Dreiundvierzig, vierundvierzig, fünfundvierzig, murmelte der Wassermann nun deutlicher, und Krabat verstand, daß er nicht gestört werden wollte.

Das letzte Stück Borke fiel ins Wasser, hundert, sagte der Wassermann, hundert Jahre, er riß ein Blatt von einem Zweig und ließ es hinabsegeln, und ein Tag. Keine Spur im Wasser, keine Spur im Wind. Weggeschwommen, weggeweht.

Krabat begriff, daß er Smjala verloren hatte. Aber der Schmerz war noch nicht da, er hat langsamere Beine als der Verstand. Wozu bin ich wiedergekommen, fragte er.

Der Wassermann spielte mit seinem grünen Bart, als hätte er nicht gehört.

Antworte! schrie Krabat, plötzlich zornig, sprang auf und griff ihm grob in den Bart. Wo ist Smjala?

Der Wassermann ließ sich in den Bach gleiten, Krabat hielt ein Büschel Binsen in der Hand.

Hundert Borkenstückchen in den Bach, hundert Worte in den Wind, Bruder Krabat, sagte der Wassermann. Das Wasser trübte ein wenig auf, die Trübung zerfloß, und der Bach war leer.

Hundert Borkenstückchen im Bach, hundert Worte im Wind, wiederholte Krabat, und irgendwann, vielleicht in der gleichen Nacht, im frühen Morgen oder vielleicht viele Tage später, machte er sich auf, Smjala zu suchen, wo das Wasser fließt, wo der Wind weht.

Manchmal war Jakub Kuschk bei ihm, manchmal war Krabat allein. Er fand viele Mädchen und lag mit ihnen im Bett, wie es gerade gemacht war: aus Daunen oder Stroh, duftendem Heu oder harzigen jungen Fichtenzweigen; federnde Matratzen der Erbsen-Prinzessin und gestampfter Lehmboden des Aschenbrödel, warmer Sand am Meeresufer, parfümiertes Wasser in gekachelter Wanne, und eine stand einmal vor ihm, nackt, die Hände unter den Brüsten, die Haut brennend, sie sagte, was habe ich nicht, das Smjala hatte.

Sie hatte auch das mit Smjala gemeinsam, daß er sie verließ, wie er alle verlassen hatte und alle verlassen würde, und allmählich verlor er die Verlorene gänzlich.

Sogar ihren Namen verlor er und nannte sie Die helle dunkle Gabelung. Endlich geriet er auch wieder auf die Lichtung mitten im Wald, trieb wieder durch das bunte Blumenmeer, und je tiefer er eindrang, desto weiter wichen alle Ufer von ihm zurück, und das Lied von der Loreley hörte er von überall her, und es war nirgends.

Was dann aus Krabat geworden ist, weiß niemand.

Manche vermuten, er sei der alte Mann, der in einer Pfeilernische an der Dommauer Blumen verkauft, ungesehen kommt und ungesehen verschwindet.

Ab und zu soll ein Käufer seiner Blumen mitten in einem Strauß simpler Astern eine sternförmige, in keinem Katalog aufgeführte Blüte von eigenartiger Schönheit gefunden haben.

Andere versichern, Krabat habe nie mehr aus dem Blumenmeer herausgefunden und müsse bei dem rothaarigen Mädchen bleiben, bis er sich Smjalas wieder erinnerte: ihres Namens, was sie flüsterte, als sie ihn liebte, und wie die Träne schmeckte, als sie weinte. Der Müller Jakub Kuschk behauptete zeitlebens, wie glaubhaft auch das eine oder das andere Ende dieser Geschichte erscheinen möge – die ganze Geschichte bleibe ein Märchen, erfunden von jemandem, der nicht weiß, daß alle Schönheit des Lebens aus dem Geheimnis des Weibes und der Neugier des Mannes kommt.

Aus dem Märchen jedoch machte er ein Lied, mit dem er hundert Mädchen ins Brautbett spielte, wo – wie er sagte – das Märchen seinen Platz habe, für eine Nacht oder auch für drei.

Hermann Stahl
BEGEGNUNG MIT EINER SIEGERIN

Ein Zufall führte ihn an einem schwülen Tag in die Kleinstadt, die an jenem Sonntag Mittelpunkt eines Leichtmotorradrennens für Amateure war, wie er, nach dem Anlaß überraschenden Menschengewimmels fragend, erfuhr. Nachdem er seinen kleinen Wagen im Hof des Gasthauses geparkt und zu Mittag gegessen hatte, fand er sich bald eingekeilt in der Menge, die den Marktplatz säumte, Mittelpunkt zweier das Städtchen kreuzender Landstraßen. Erwartungsvoll blickte auch er bergwärts, von wo auf Kopfsteinpflaster zwischen geruhsamen Häusern die Wettfahrer erscheinen sollten, und gewisse Zeichen gesteigerter Spannung verrieten ihm, dies werde bald geschehen.

Zumindest an diesem Punkt war die Strecke nicht ohne Tücke. Das Gefälle – er schätzte es, soweit er sehen konnte, bergwärts auf acht bis zehn vom Hundert – mündete auf den kurzen ebenen Marktplatz, von dem die Fahrer scharf nach links einzubiegen hatten, ein Punkt, der Stürze und sieggefährdenden Zeitverlust verhieß. Ein sicherer Fahrer würde, so überlegte er, knapp vor dem Ende des Gefälles die Geschwindigkeit mindern, den Marktplatz möglichst weit rechts durchfahren, um so schnell wie möglich den Neunzig-Grad-Winkel zu schneiden. Er ahnte nicht, daß, so hoch die Überzahl der so Fahrenden sein würde, diese Art der Bewältigung der scharfen Ecke ihm wenig später keinen Blick abzugewinnen vermöchte. Dort am Rand des kurzen Platzes, das Gesicht der abfallenden Straße zugewandt, sah er etwas, das mit schlau oder gescheit berechnetem und ehrgeizig hochgespieltem Können nichts gemein hatte. Und noch lange danach wußte er, daß er auch dann in den Aufschrei der Menge eingestimmt haben würde, wenn er nicht sofort bemerkt hätte, daß das von Anspannung fahlrosa glühende Gesicht mit dunklen Lippen, Gesicht unter befremdlich wirkendem weißem Sturzhelm, das Gesicht eines jungen Mädchens war.

Sie raste mit aufgedrehtem Gas die Straße herab, anders als von ihm bedacht und als wohl von allen erwartet, inmitten der holprigen Straße. Noch auf dem kurzen Platz schien sie die sperrende Menschenmauer zu ignorieren und zu meinen, die Strecke führe geradeaus weiter, sie schien nicht zu wissen, daß sie in der nächsten Sekunde nach links einbiegen mußte. Auch ihm verschlug es den Atem. Eine schmale Gestalt in etwas Rotem, vorgekrümmt, die Arme mit der Lenkstange verwachsen, so sah er sie. So fremd, wie in Nachtgewittern einzelnes hervorgerissen für Blitzes Dauer fremd schon wieder zurückfährt in alles hüllende Fremde des Dunkels, und das Wirkliche verrät einen höhnisch aufzuckenden Gedanken zu unserer Alltagsmeinung, seiner habhaft und mit ihm vertraut zu sein... Es war in der Zehntelsekunde vor dem Schrei der Menge, als er erstarrt und aufgerissenen Mundes sah, wie die Fahrerin mit einem Ruck ihres Körpers die Maschine zur Seite riß. Das linke Pedal streifte hart das Pflaster, Funken sprühten aus häßlichem Schleifgeräusch, genau im Augenblick drohenden Sturzes oder Sichüberschlagens aber gab sie Vollgas, aufheulend antwortete der Motor auf die etwas späte Freigabe der Kupplung, und schon schoß die Maschine vorwärts und war gefangen und in die geänderte Richtung gezwungen, war zwanzig oder fünfzig Meter entfernt vom vielstimmigen Schrei, der die Starre löste in sinnloses Tappen von Schritten und Gesten ohne Ziel und bezeichenbaren Gegenstand.

Das Abfangen der Maschine aus voller Fahrt, der spätestmögliche Moment des Gaswegnehmens, das Herumwerfen um neunzig Grad, diese äußerste Präzision oder schlafwandlerische Sicherheit hatte die Zuschauer überfordert. Die zuckende Erregung zerfiel ins Vulgäre des Aufbegehrens wie immer, wo Überragendes dem Mittelmaß begegnet. Die Person sei sträflich leichtsinnig gefahren, frech, unverschämt, so hieß es nun, bevor andere Fahrer erschienen, und in magerem Widerspruch dazu, sie sei hundeschnäuzig kalt routiniert. Andere verrieten mit blassen Gesichtern, Glanzblickaugen darin, daß sie nicht ins Wort zu bringen wußten, ihnen sei eine Begegnung mit Außerordentlichem widerfahren.

Er überließ die Menschen an der Kreuzung sich selbst. Keiner der noch zu erwartenden Fahrer würde das soeben Erlebte wiederholen. Im Weggehen spürte er Ermüdung. Seine Hände waren heiß und zitterten.

Anstatt weiterzufahren, blieb er unschlüssig im Ort. Gesprächsfetzen war zu entnehmen gewesen, daß die öffentliche Siegerehrung am Abend stattfinden werde. Sein Zögern ließ sich als Verlangen erkennen, das zentaurische Wesen, dessen er so flüchtig wie unverhofft innegeworden war, noch einmal und dann wohl jener mänadischen Fremdheit entrückt zu sehen. Als er diesen Wunsch als eine unartikulierte Sehnsucht durchschaute, erschrak er ein wenig.

Die undeutliche Angst verlor sich nicht im Gedränge, das in dem Gasthaussaal herrschte, aber er schob sie beiseite. Die Banalität der Szenerie half ihm dabei. Die Schwüle des Abends verschärfte das Unbehagen am Gewühl, eine Blechkapelle spielte mit großer Hartnäckigkeit falsch und laut, Bierdunst und Tabakschwaden beizten die schweißige Luft, die Veranstaltung war Karikatur eines sportgebundenen Ereignisses. Mit üblichen Reden, deren hoffnungsloser Kampf mit der Sprache ihn nicht aufheiterte, begann die Siegerehrung. Vor bonbonsüßer Kulisse eines Bergmassivs spiegelten metallene Trophäen auf weißgedecktem Tisch jenseits der Bühnenrampe das umschwadete Licht. Ein Tusch, Aufrufung eines Namens, den er im Beifallsgeprassel nicht verstand, und auf der Bühne erschien eine zierliche Gestalt im grauen Jackenkleid. Er hockte in der Mitte des Saals und pirschte sich nach vorne, wo die Schmale nicht ohne Schüchternheit den Preis, eine längliche Kassette, entgegennahm und scheinbar zugehörig geehrt lächelte. Scheinbar. Für ihn nur scheinbar – er allein, so empfand er, sah die Aura von Fremdheit und hielt sie, bescheiden, für ein Gebilde seiner Phantasie. Ein Tusch wieder, das Mädchen verbeugte sich zum Publikum und verließ, nach vergewisserndem Blick, die zuckrige Bühne. Inzwischen war er bis zur Rampe gekommen. Als sie aus der seitlichen Bühnentür trat, entschieden drei Holzstufen über sein Verhalten. Er war jetzt nicht langsamer als sie, freilich gaben ihm die Stufen mehr Zeit, als sie mittags an der Kreuzung gehabt hatte. Erst als sie an ihm vorbeigegangen nach kurzem Zögern, erstauntem Innehalten und Handausstrecken, schlug die Woge von Freudigkeit in ihm empor und klärte seinen Blick. Er hatte sich nicht getäuscht, schwebend Geahntes war wahr, sehr zarte Einsamkeit. Achtlos und wie ohne rechtes Wahrnehmen hatte das Mädchen seine Karte in die Hand genommen, die am Tragen der wenig schönen Metallkassette nicht beteiligt war. Auf der Karte stand seine Adresse, und er hatte, während die Siegerin die Bühne verließ, schnell darunter gekritzelt: Wo nehmen Sie das her?

Die Musik dröhnte, die Reden, Glückwünsche, Tuschs, der Beifall. Er saß an seinem Platz wieder zwischen Unbekannten und war beunruhigt ob seiner Aufdringlichkeit – die vollbracht zu haben ihn auch beglückte, beunruhigt auch von der simplen Frage, die seine Karte dem Mädchen übermittelt hatte, eine Frage, die in der euphorischen Gestimmtheit der Feiernden weniger undeutlich sein mochte, als er befürchtete, und zwar befürchtete in Trotz gegen die Beschämung, die ihn jünger machte, als er mit seinen vierundzwanzig Jahren war.

Vielleicht war nicht nur ihm der Abend merkwürdig. Auch als der sogenannte inoffizielle Teil, da man tanzte, in Schwung gekommen, blieb die nicht vom Alkohol verursachte, überschärft euphorische Stimmung der Anwesenden deutlich, als spürten sie alle, oder doch viele, das keinem wortnah Erkennbare: daß aus dem Erlebnis des Außergewöhnlichen gewürzte und zugleich seltsam befriedete Hinnahme des bescheideneren eigenen Maßes gedieh. Man ahnte, so schien es ihm, daß nicht die Entspannungsreaktionen vom Nachmittag, jene immer etwas Fragwürdiges verratenden Abschätzigkeiten, das Eigentliche erreicht oder gar gemessen hatten, welches das Entscheidende war. Vielleicht gewahrte man jenes Eigentliche mit dem geheimen Wollustschauer echter Rührung. Man sah es wohl in der sympathisch-unbehilflichen Bemühung der Siegerin, Beklommenheit und Scheu vor ihr gezollter Bewunderung zu überwinden und identisch zu werden mit der Menge, die auf dem Weg des Bewunderns ihrerseits Identifikation mit dem von ihr Bewunderten unbewußt-willentlich erstrebt und erreicht. Dem nicht entsprechen zu können, machte die noble Pein des Mädchens aus, er sah es.

Sie saß zwischen Männern und Frauen, deren selbstsicheres Gehabe die leitenden Funktionäre und deren Gattinnen verriet. Man sprach von links und von rechts auf sie ein, kam mit Verbeugungen, sich vorzustellen, mit Lobsprüchen griff man nach dem, was er – während sie auf der Bühne gestanden – als ihre Aura empfunden hatte. Er fand ihre Besonderheit attackiert und rätselhaft gemindert. Noch auf der Bühne war sie, in Passivität gehüllt, das mänadische Geschöpf gewesen, das ihn wie alle erschreckt und in Bann geschlagen hatte während jener wenigen Sekunden, deren Glühen das Leben ihr vielleicht nie mehr bescheren würde, nun aber, da sie zum Tanzen aufgefordert, ihren geheimen Widerstand als unschicklich, wenn nicht gar als hochmütig werten und bekämpfen mochte, als sie bald hier, bald dort im Tanzgedränge sichtbar war, zerfiel der Raum, in dem sie allein gewesen war und geherrscht hatte, der Zauber schwand. Die Einbeziehung ins Allgemeine mochte sie frösteln machen, während ihr Gesicht glühte, freilich anders als dort, wo der Sieg ihr zugefallen war.

Verschwimmend fand er nun den Blick, ein wenig, und von Müdigkeit wie von Übersättigung nicht nur. Auch ein verhehltes und gar nicht ganz zornloses Von-Sich-Absehen, ein des Fragwürdigen bewußtes Treibenlassen glaubte er darin zu entdecken. Und noch immer verwunderte ihn die kaum mittelgroße, gar nicht betont sportlich-magere Gestalt, so mädchenhaft hatte er sie nicht vermutet, so anfangzwanzigjährig. Er sah den bloßen Arm, sie hatte die Jacke abgelegt, weichlinig noch, rührend vorsichtig, ja fluchtbereit zur Schulter ihres Tänzers gereckt, den Arm, der vor Stunden beteiligt gewesen an Überwindung von Gefahr und zentaurischem Spiel mit Fliehkraft und Zeit. Die Erinnerung trieb ihm Zornesröte in die Schläfen, während die Maskenstarre des kühl geschnittenen Mädchenmundes im ausdruckslos lächelnden Gesicht ihn das verborgene Drama ahnen ließ: Verletzung des als Aura Empfundenen. Er mied ihre Nähe und meinte, daß auch er sie jetzt, so viel mehr von ihr er als die andern zu wissen glaubte, nicht zu erreichen vermöchte, kaum auch den von den Lidern verborgenen Blick, der anderen, lautlosen Räumen zugewandt sein möge, lautlosen Räumen, in denen das Geheimnis der Meisterschaft wohne, Geheimnis, für das ihm jäh ein Name einfiel: Schwermut, nicht ausreichender Name. Aber von etwas, das er nur Schwermut nennen konnte, schien das makellose Gesicht erfüllt zu sein, und es war die Schwermut von Heimweh und Traumrückkehr in ein verschollenes, nicht mehr benennbares bilderloses Einst.

Er war erregt, fasziniert und enttäuscht – als hätte nicht das, was ihn ungerecht enttäuschte, die Faszination bewirkt. Er wußte, daß das Mädchen Gesondertheit spürte, und den Schatten, und daß sie tief unterhalb solchen Spürens schmerzlich zu fliehen wünschte, viel weiter fort als aus diesem Saal, ja, unwissentlich fliehen wollend verriet sie ihm ihren Rang noch einmal, Rang eines Menschen unterscheidenden Geheimgefühls von Besonderheit oder fern her hörbaren Klang von Glocken – aus Glück? Triumph? Und dies so schwer und schwierig! Was Wunder, daß sie nachgab, nicht anders sein wollte als alle. Wenig später stand sie mit ihrem letzten Tänzer an der Bartheke, und sich übernehmend, weil Geringeres als ihr eigenes Maß nicht beherrschend, trank sie Sekt aus großem vollem Glas, trank zurückgebogenen Kopfs das Glas leer. Er sah die Linie von Kehle und Hals beben und bahnte sich Weg durch das Gewühl in die Saalmitte zurück, suchte die Kellnerin, das dauerte eine Weile. Er zahlte und ging zur Garderobe.

Als er die Treppe anstrebte und einen Blick zur eben geöffneten Saaltüre schickte, kreuzte sie seinen Weg. Fast zugleich mit ihm blieb sie stehen, nah genug, daß ihre Verstörung sichtbarer werden konnte, und hastig gab er sich lächelnd zu erkennen als der Frager mit dem Kärtchen: Wo nehmen Sie das her?

»Ich gehe«, sagte er und war verblüfft von dieser Äußerung, und bevor er Zeit hatte zu hoffen, sie werde ihn nicht auslachen und stehenlassen, nickte sie und sah ihn an mit fragenden Augen. Da schien es ihm selbstverständlich – fast, wäre nicht Freude in ihm erwacht, die es zu verbergen galt, wie er meinte – zu sagen: »Wenn es so ist, daß auch Sie weg wollen – wenn ich Sie begleiten darf...«

»Ja, das will ich«, antwortete sie ohne Zaudern, »und schnell«, sie schüttelte sich, aber er hatte das Zittern in ihrer Stimme gehört. »Die Musik und der Dunst«, sagte er, und fürchtete noch, sie werde bereuen, schon zuviel gesagt zu haben, und sagte hastig: »Falls Sie zur Garderobe müssen, ich erledige das für Sie!« Da lächelte sie, es wäre ein Streich, den sie den Veranstaltern spielen würde, wenn sie unbemerkt verschwände. »Warten Sie bitte unten vor dem Haus«, sagte er, »in zwei Minuten werde ich dort sein.«

Im Licht, das aus einem Fenster fiel, sah er sie auf der Straße stehen. Den leichten Sommermantel zog sie an, obgleich es schwül war, die Nacht dunkel durchtönt von gewitterträchtigem Wind. Gemächlich, er unsicher, gingen sie dem Marktplatz entgegen, hinter ihnen verwehte die Tanzmusik, in einer Seitengasse grölte ein Bezechter, das Wetterleuchten ließ schwarze Fenstergevierte aufglänzen unter Dächern, die der tintige Mitternachtshimmel verschluckte. Sie querten die Straße, er stolperte über eine Bordschwelle und spürte des Mädchens Hand helfend an seinem Ellenbogen und sagte »danke« und lachte ein wenig und merkte, daß sie nicht einstimmte, und war flüchtig enttäuscht und sagte: »Ich nehme an, Sie wohnen hier irgendwo. Ich selbst habe einen kleinen Wagen da hinten beim Brunnen stehen, ich werde heimfahren.«

»Wohin?«

»In die Stadt«, antwortete er.

»Ich auch«, sagte sie.

»Wohin?« fragte er verwirrt.

»Auch in die Stadt.«

»Und ich meinte, Sie leben hier«, sagte er.

»Nein.«

»Fahren Sie doch mit mir«, sagte er unbedacht.

Sie lachte nicht. »Ich fahre auf meiner Maschine!«

»Ja so«, sagte er. Und im zögernden Weitergehen: »Na ja, Sie können sie nicht gut hier zurücklassen...«

Sie antwortete nicht. »Ich hatte gemeint, Sie seien hier zu Hause.« Seine Albernheit quälte ihn.

»Nein«, sagte sie sachlich.

»Sie waren allein gekommen?«

Wieder schwieg sie, antwortete nicht. Vor dem Marktplatz, mitten auf der Kreuzung, blieb er stehen. »Hier war es«, sagte er und fühlte sich elend, »ich stand zwei Meter entfernt und sah es genau. Darf ich etwas fragen?«

Seine Bitte klang so jung wie er war. Er sah das Mädchen an unter der Straßenlaterne, die über ihnen schwankte. Das Gesicht war schmal und ernst. »Sie wollten etwas fragen«, sagte sie mit alarmierender Beiläufigkeit, und er rief: »Es ist eine dumme Frage – ob Sie bewußterweise so fuhren, wie Sie es taten. Schön, ich nehme diese Frage zurück – aber eines wüßte ich gern: ob Sie die Zuschauer gehört haben, den Schrei.«

Sie ging weiter, er folgte ihr. »Dort steht die Maschine«, sagte sie, ging auf den ebenen Vorgarten eines Gasthauses zu. Hinter dem Staketenzaun unter Kastanien standen Tische hochgeklappt und Stühle, bleiig leuchtete aus nächster Nähe das Weiß aus der Finsternis auf. Er konnte hören, wie sie ihr Gefährt freischloß, der Ständer kickte, sie kam wieder auf die Straße. Etwas atemlos sagte sie: »Ob ich's bewußt machte... Nein – ich weiß nicht...«

»Es war eine ganz dumme Frage«, sagte er verstimmt. Er könnte Schwierigeres sagen und fragen, und sie würde nichts davon wissen wollen, sondern Ferne und etwas Verwunderung in der Stimme haben... »Wenn Sie hier warten wollen«, sagte er gespannt, »ich hole rasch den Wagen, es ist so finster, ich möchte gern vor Ihnen herfahren...« Er ließ ihr nicht die Zeit, ihn zu verabschieden.

Weil es schwierig war, den Wagen zwischen den anderen Fahrzeugen aus der Brunnenecke herauszumanövrieren, fluchte er, und als er um die Ecke des Marktplatzes bog, fuhr er fast Schritt im ersten Gang, weil er sich festzulegen wünschte, darauf, daß ihre Flucht ihn nicht zu treffen vermöchte. Aber sie stand auf dem Bordstein und knotete ein Kopftuch unter dem Kinn. »Schön lang hat's gedauert«, rief er. »Und haben Sie Ihren Preis gut verstaut? Das kostbare Ding?«

»Selbstverständlich«, antwortete sie. »Und es hat gar nicht so lang gedauert. Ich wollte Ihnen noch danken.« Ihre Stimme klang weder atemlos noch ungewöhnlich. »Und wenn Sie vor mir herfahren wollen – aber halten Sie bitte unterwegs nicht an!«

Er konnte lachen. »Gut, ich fahre durch, die vierzig Minuten. Aber wenn wir vor der Stadt sind, darf ich mich doch wohl verabschieden. Sagen wir in der Einfallstraße. Ja, ich bin aufdringlich, ich wüßte auch gern noch, ob Sie oft zu solchen Rennen fahren?«

»Oft«, sagte sie etwas gedehnt, »so oft ist ja nicht Gelegenheit . . .«

»Und sonst? Ich meine, haben Sie einen Beruf oder so?«

»Wozu wollen Sie das wissen – – Beruf. Ich studiere.«

»Und was?«

»Das ist doch einerlei«, antwortete sie, und er lachte nicht.

»Na schön, fahren wir«, sagte er. »Dann bis nachher!« Es klang so leicht, wie es klingen sollte.

Im Rückspiegel sah er ihr Licht. Während der ersten zehn Minuten fuhr er abwechselnd schneller und langsamer, aber sie hielt ihren Abstand ein. Er lächelte gespannt und war nicht mit sich zufrieden. Da er doch meinte, ihr Wesen erraten zu haben – wozu diese Bemühung um Nähe? Auch ohne ihn wäre sie zur Stadt zurückgefahren.

Jenseits der Gabelung von Einfall- und Umgehungsstraße, flankiert von hohen Reihenhäusern, merkte er, daß der Lichtpunkt in seinem Rückspiegel plötzlich verschwand. Er hatte zuviel von ihr hören wollen und gefragt, und nicht begriffen, daß sie selbst aus der Unruhe eines Fragens lebte, angetrieben von eigener Suche nach Antwort, noch lange nicht wissend, daß sie Antwort war, sie selbst, getrieben von Unruhe des Überwindenwollens der Einsamkeit. Sehnsucht also – die Glück ist, wenn es das gibt, da es kein tieferes Glück gibt, das Menschsein gleich schwer und herrlich macht.

Hans Werner Richter
GESCHICHTE AUS BANSIN

Der Berg an der Nordseite des großen Krebssees hieß »der Brogeberg«. Er war etwa zwanzig Meter hoch und fiel steil zum Ufer des Sees hin ab. Ein paar Erlen standen auf seiner Kuppe. Dahinter lagen Wiesen, Kornfelder und Kartoffeläcker. Dann begann wieder der Buchen- und Kiefernwald, der sich bis zur Steilküste am Meer hinzog.

Der Berg hatte seinen Namen aus dem Wendischen. Hier, unterhalb des Berges am Ufer des Sees, hatten die Wenden ihren Flachs gebrochen. Aus dem Brakeberg war im Laufe der Jahrhunderte und immer neuer Besiedlungen der Brogeberg geworden. Die Stelle am Ufer war sandig und moorfrei, eine Schneise im dichten Rohr, das den ganzen See umzog.

Hier sah mein Vater den Hecht, der ihm größer erschien als alle, die er bis dahin gestohlen hatte. Der Hecht stand dicht an der Schneise, aber noch im Rohr, und bewegte sich nicht. Er schlief unter der dünnen Eisdecke seinen Winterschlaf.

Es war früh am Morgen. Die Sonne war noch nicht voll aufgegangen. Sie stand noch unterhalb des Horizonts, aber sie gab schon genügend Helligkeit, um meinen Vater alles erkennen zu lassen, was unter der dünnen Eisdecke war. Der klare Frost hatte erst am Tag zuvor eingesetzt und den See nur notdürftig einfrieren lassen. Die Eisdecke war spiegelklar, sehr glatt und kalt. Mein Vater kroch in dem hohen Rohr auf den Knien herum, die Nase fast auf dem Eis. Er zog einen Sack hinter sich her, in dem er einen Fünfzack, Baußel genannt, ein Beil und einen Knüppel hatte. Die Baußel diente zum Abstechen des Hechts und mit dem Knüppel mußte er den Hecht dröhnen, bevor er mit dem Beil über dem Kreuz des Hechts ein Loch schlagen konnte, um die

Baußel anzusetzen. Der schlafende Hecht wurde dann durch das Dröhnen für wenige Minuten bewußtlos, und es kam darauf an, so schnell zu arbeiten, daß er nicht mehr zur Besinnung kommen konnte. Ein davonschießender Hecht war eine Niederlage.

Mein Vater kroch auf dem Eis Zentimeter für Zentimeter voran, schob vorsichtig die hohen Rohrhalme beiseite, um eventuell schlafende Hechte nicht zu erschrekken. Wenn er etwas zu sehen glaubte, ließ er den Sack los, legte beide Hände aufs Eis und vor seine Augen, und starrte in das Wasser hinunter. Er war sich sicher, einen Hecht zu baußeln.

Das Wetter war vorzüglich. Der zunehmende Mond hatte mit einem leichten Ostwind das klare Frostwetter gebracht. Mein Vater hatte schon am Tage zuvor beschlossen, es an diesem Morgen wieder einmal zu versuchen. Die Fischräuberleidenschaft saß ihm im Blut. Schon um vier Uhr war er leise aus dem Ehebett gekrochen, um seine Frau nicht munter zu machen. Sie war gegen das Fischräubern und befürchtete immer hohe Gefängnisstrafen. Mit Baußel, Knüppel, Beil und Sack hatte er sich auf den Weg zu dem See gemacht. Er war durch die Wälder gegangen im schnellen Spaziergängeroder Marschschritt, um zur rechten Zeit am See zu sein, kurz bevor die Sonne voll aufging. Unter den Erlen auf dem Brogeberg hatte er für ein paar Minuten gewartet, um sich zu vergewissern, daß niemand auf und am See war. Jenseits des Sees, etwa fünfhundert Meter entfernt, lag das Forsthaus. Es lag im Wald, zwischen zwei Seen. Nur der Giebel des Hauses war für meinen Vater sichtbar. Der Förster hatte die polizeiliche Oberaufsicht über sämtliche Seen seines Reviers. Er hieß »Jäde«, und der Ruf »Jäde kommt« war bei allen Bewohnern der umliegenden Dörfer gefürchtet. Fischräuber schlug er mit einem Knüppel oder mit dem Kolben seiner Flinte. Er arretierte sie, oder schoß ihnen in die Beine, wenn sie davonliefen. Er war älter als mein Vater, aber größer, breiter, ein preußischer Förster, der, wenn es not tat, auch Haussuchungen vornahm. Für seine polizeilichen Befugnisse gab es keine Grenze. Alle Tagelöhner, Maurer, Handlanger, Fischer sprach er mit »Du« an. Er nannte sie Willem, Richard, Fritz oder sonst wie. Nur wenn er einen von ihnen beim Holzstehlen oder Fischräubern antraf, nannte er sie Labahn, Kollow, Knuth, oder wie sie mit ihrem Nachnamen hießen. Dann sprach er Platt mit ihnen.

»So, jetzt hev ick di, Kollow. Jetzt ab tau Vater Philipp. Unter vier Wochen geht das für Sie nicht ab.«

Vater Philipp hieß das Gefängnis in der Kreisstadt, dem kaiserlichen Kriegshafen Swinemünde. Dort wurde vor dem Amtsgericht mit den Holzdieben und Fischräubern kurzer Prozeß gemacht. Eine halbstündige Verhandlung genügte. Es gab zwei, drei, vier Wochen Gefängnis für ein Delikt dieser Art, und im Wiederholungsfall auch ein paar Monate. Der Förster behielt immer recht, und die Angeklagten, die oft nur Platt sprachen und sich keinen Verteidiger leisten konnten, kamen nur selten mit einem Freispruch davon. Nur die großen Lügner überlisteten Amtsrichter und Förster. Zu ihnen glaubte auch mein Vater zu gehören.

An diesem Morgen war mein Vater ganz ohne Sorgen. Der Förster mußte im Jagen achtzehn sein, ein Waldstück, das weit von dem See entfernt lag. Dort wollte er nach dem Rechten sehen und Holz bestimmen, das gefällt werden sollte. Ein befreundeter Holzfäller hatte es meinem Vater mitgeteilt.

»Morgen is dei Luft rein, Richard.«

So kroch mein Vater auf dem dünnen Eis herum, und die einzige Angst, die er hatte, war die vor dem Brechen des Eises. Er konnte nicht schwimmen. Aber auch bei geringer Wassertiefe machte ein Einbruch zu viel Lärm, um nicht von anderen gehört zu werden. Als er den großen Hecht sah, vergaß er jede Vorsicht. Es war wieder einmal der größte Hecht, den er je gesehen hatte, ein Kalb von einem Hecht. Mein Vater nahm den Knüppel, die Baußel, das Beil aus dem Sack und legte alles leise neben sich. Noch einmal starrte er durch das dünne Eis, um sich zu vergewissern, ob der Hecht auch still stand. Er drückte dabei seine Nase so eng auf die Eisfläche, daß sie leicht anfror. Der Hecht stand regungslos. Mein Vater begann vor Freude und Eifer zu lachen. Er lachte leise vor sich hin. Dann nahm er den Knüppel und schlug genau dort auf das Eis, wo der Kopf des Hechtes stand. Der Schlag dröhnte nicht nur im Kopf des Hechtes, er dröhnte auch in der dünnen Eisfläche mit einem von meinem Vater weglaufenden knarrenden, hallenden Geräusch fort. Das Geräusch lief durch das hohe Rohr, und für einen Augenblick kam es meinem Vater vor, als bräche der ganze See zusammen. Aber er hatte keine Zeit, darüber nachzudenken. Er hackte mit seinem Beil das Eis auf, arbeitete schnell und jetzt schon schwitzend, und vergrößerte das Loch so, daß die Baußel den Rücken des Hechtes treffen mußte. Der Hecht war betäubt. Mein Vater sah es, nahm die Baußel, zielte und traf den Hecht in den Rücken. Wieder lachte mein Vater.

»So, jetzt hev ick di.«

Der erwachende Hecht versuchte vergeblich von der Baußel loszukommen. Wasser quirlte durch das Eisloch und bespritzte die Knie meines Vaters. Aber mein Vater gab nicht nach. Er hielt mit der einen Hand den Stiel der Baußel fest, nahm mit der anderen das Beil und vergrößerte das Loch, um den Hecht herauszuziehen. Dann legte er das Beil beiseite, ergriff mit beiden Händen den Stiel der Baußel, zog und hob so lange, bis der sich wehrende Hecht aus dem Eisloch herauskam. Es war ein großer Hecht, aber bevor mein Vater ihn genauer betrachten konnte, hörte er jemanden rufen.

»He, wat is denn dor los?«

Es war die Stimme des Försters. Mein Vater kannte sie. Er hatte sie oft genug beim Holzfällen gehört, an dem er im Winter, wenn es nichts anderes zu tun gab, als Aushilfsarbeiter teilnahm. Es war eine Stimme, die jeder seit vielen Jahren kannte. Der Ruf »Jäde kommt« hallte auch im Kopf meines Vaters wider. Er flüsterte »Jäde, verdammt dei Jäde«, bückte sich, versuchte sich im hohen Rohr zu verbergen, wußte aber zugleich, daß ihm nur das Davonlaufen übrigblieb.

Mein Vater handelte schnell. Er stieß Baußel, Beil, Knüppel und Sack in das Eisloch, ergriff den noch lebenden und um sich schlagenden Hecht, schob ihn unter die Joppe, legte den linken Arm darauf, drückte den nassen Hecht fest an seinen Leib und sprang mit ein paar Sätzen vom Eis herunter. Hinter ihm barst, splitterte und krachte das Eis. Er erreichte das Ufer unterhalb des Brogebergs, lief nicht den Berg hinauf, sondern um ihn herum, rannte über Kartoffeläcker, über Stoppelfelder, und kam in den hohen Buchen- und Kiefernwald, bevor Jäde ihn einholen konnte. Der Förster lief etwa hundert oder zweihundert Meter hinter ihm her, und so rannten sie beide auf den sandigen Waldwegen dahin, mein Vater mit seinem Hecht unter dem Arm, und Jäde mit seiner Flinte. Der Förster rief immer wieder: »Halt« und dann »Stehenbleiben, oder ich schieße.« Mein Vater sah sich nicht um. Er wollte nicht erkannt werden, und solange Jäde nicht sein Gesicht sah, konnte er nichts behaupten. Auf die immer wiederholte Aufforderung des Försters stehenzubleiben, flüsterte mein Vater nur:

»Leck mi am Mors.«

Er lief weiter, so schnell es seine Kavalleristen-, Handlanger- und Fischerbeine zuließen. Sie trugen ihn schnell durch den Wald, mit einem ständig sich vergrößernden Abstand zu dem Förster, dessen Beine nicht so viel hergaben. Nur der Hecht bereitete meinem Vater Schwierigkeiten. Er war glitschig und naß, wehrte sich noch immer, und versuchte aus der Armumschlingung herauszukommen. Sein Schwanz sah unter der Joppe hervor, wippte auf und ab und schlug hin und her.

»Dömliches Biest«, flüsterte mein Vater.

Aber er ließ den Hecht nicht fallen, gab ihn nicht auf, um Jäde eine Freude zu machen. Der Hecht war ihm wichtiger als der Förster und als alle Strafen, die er nach sich ziehen konnte.

Mein Vater erreichte den Hof, auf dem die beiden kleinen Häuser standen, die meine Mutter sich erspart und von ihrem Waschgeld erbaut hatte. Sie selbst schlief im Hinterhaus, das nur aus drei Zimmern und einem Boden bestand. Mein Vater riß die Haustür auf, rannte durch die Küche in das nächste Zimmer, eine Art Wohnzimmer, und riß auch die zweite Tür auf, hinter der sich das Eheschlafzimmer befand. Meine Mutter lag noch im Bett. Sie erwachte und fuhr auf, als mein Vater zur Tür hereingestürzt kam. Er hatte den Hecht jetzt nicht mehr unter der Joppe, sondern mit einem Griff in den Kiemen in der rechten Hand. Meine Mutter schrie auf.

»Richard, wo kümmst Du denn her?«

Sie sah den Hecht, der mit dem Schwanz den Fußboden berührte, und wußte zugleich, daß etwas geschehen war.

»Dei Förster«, sagte mein Vater.

»Wat is mit den'n Förster?«

»Hei kümmt.«

»Doch nich hierher?«

»Hierher.«

Ohne meine Mutter zu fragen, riß er ihre Bettdecke hoch, und warf den Hecht zu ihr ins Bett. Der Hecht glitt unter das hochgeschobene Nachthemd meiner Mutter und blieb genau dort liegen, von wo aus alle ihre Kinder das Licht der Welt erblickt hatten oder noch erblicken sollten. Meine Mutter wagte angesichts der bedrohlichen Situation nicht zu widersprechen. Sie sagte nur:

»Richard, was machst du denn?«

»Jetzt gehts ums Ganze«, sagte mein Vater.

Er zog ihr die Bettdecke bis zum Hals hinauf und warf noch einen Blick auf den Bettrand, auf das herunterhängende Laken. Der Hecht hatte keine Spuren hinterlassen, die ihn verraten konnten. Mein Vater verließ das Zimmer und befand sich in der offenen Schlafzimmertür, als Jäde in der anderen gegenüberliegenden Tür hereinkam. So standen sie sich gegenüber, jeder in einer offenen Tür, und starrten sich an. Dem Förster lief noch der Schweiß in den Bart, und auch mein Vater sah nicht aus, als sei er gerade aus dem Bett gekommen.

»Also«, sagte Jäde, »wo ist der Hecht?«

»Was für ein Hecht, Herr Förster?«

»Der, den Sie soeben gebaußelt haben.«

»Ich soll einen Hecht gebaußelt haben?«

»Jawoll, Sie«, sagte der Förster, »her mit dem Hecht.«

»Aber Herr Förster, ich habe heute noch keinen Hecht gesehen.«

»Und ob Sie einen gesehen haben! Das kostet ein halbes Jahr. Ich werde Sie anzeigen, und zwar noch heute. Das sage ich Ihnen. Her mit dem Hecht.«

Mein Vater stand dem Förster gegenüber und lächelte. Sein Lächeln war verlegen, etwas heuchlerisch, und saß unter dem schwarzen Kaiser-Wilhelm-Schnurrbart, den er zu dieser Zeit trug, wie eine Aufforderung. Er war sich sicher, daß der Hecht nicht zu finden war, was Jäde auch unternahm.

»Dann müssen Sie wohl das Haus durchsuchen. Denn wo kein Hecht ist, da ist nun mal keiner.«

»Das werde ich Ihnen beweisen«, sagte der Förster, »treten Sie mal beiseite.«

Mein Vater trat gehorsam und etwas devot beiseite und gab Jäde den Weg in das Schlafzimmer und zu dem Bett seiner Frau frei. Der Förster war mit drei Schritten an ihm vorbei. Die Zimmer waren klein und eng. Es waren nur niedrige Stuben.

Jäde fuhr etwas erstaunt zurück, als er sich plötzlich im Schlafzimmer und vor dem Bett meiner Mutter befand. Meine Mutter tat, als sei sie gerade erwacht. Sie schlug die Augen auf und sagte:

»Was für ein Krach.«

Der Förster stand am Ende ihres Bettes, die Flinte jetzt auf dem Rücken, die Hände auf der hohen Bettkante, ein preußischer Beamter, der das Recht hatte oder sich anmaßen konnte, auch ihr Bett zu durchsuchen. Er stand dort, streng, wütend, die Verkörperung der genasführten Staatsmacht und Staatsgewalt. Meine Mutter blieb ruhig und gab sich erstaunt.

»Aber, Herr Jäde, was machen Sie denn hier? Hier an meinem Bett?«

Sie wußte, daß er nicht unter ihre Bettdecke greifen würde, schon gar nicht dorthin, wo der Hecht jetzt lag, naß, glatt, kalt, blutig, und immer noch halb lebendig. Sie kannte den Förster besser als ihr Mann. Er war schüchtern Frauen gegenüber, hielt sie in seinem Bezirk für verschlagen wie die Männer, glaubte aber, meine Mutter sei anders als die anderen, eine für ihn anständige und rechtschaffene Frau. Sie sprach ihn nicht mit »Herr Förster« an, wie ihr Mann Richard und alle anderen. Sie sagte nur »Herr Jäde«. Er hatte sie schon als junges Mädchen gekannt, und wie damals, nannte er sie jetzt noch Anna.

»Morgen, Anna.«

»Morgen«, sagte meine Mutter.

»Dein Mann hat einen Hecht gebaußelt.«

»So. Das glaube ich nicht.«

»Ich habe ihn doch selbst dabei erwischt.«

»Das ist nicht möglich, Herr Jäde. Der hat ja eben noch neben mir gelegen, vor einer halben Stunde. So schnell baußelt man keinen Hecht.«

»Der Hecht ist hier, Anna. Ich werde ihn finden, und wenn ich das ganze Haus auf den Kopf stelle.«

»Aber mein Richard ist gerade erst aufgestanden.«

»Eben erst aufgestanden«, sagte der Förster, »Dein Richard ist die ganze Zeit vor mir hergelaufen, den Hecht unter dem Arm. Ich hätte ihm in die Beine schießen können, so nah ist er vor mir hergerannt.«

»Das tun Sie man lieber nicht, Herr Jäde. Auf Menschen soll man nicht schießen.«

»Wer Fische stiehlt, ist kein Mensch.«

»Das hat mit Stehlen nichts zu tun«, sagte meine Mutter, »ein Mensch ist ein Mensch, ganz gleich, was er tut.«

Jetzt sah Jäde, was mein Vater nicht beachtet oder übersehen hatte. Zwei Hechtschuppen und etwas Fischleim klebten auf dem sichtbaren Teil des Lakens. Meine Mutter sah den Blick des Försters auf das Laken, richtete sich etwas auf, und sah nun ebenfalls dorthin.

»Was ist denn das?«

»Fischschuppen«, sagte meine Mutter.

»Also doch.«

»Was denn doch? Ich habe gestern abend spät noch Fische sauber gemacht, die ich heute braun kochen will. Da habe ich mich wohl nicht mehr richtig gewaschen. Ich war auch zu müde von der vielen Arbeit. Sie kennen das ja, Herr Jäde, immer arbeiten, von morgens bis abends. Aber jetzt schäme ich mich doch.«

»Du brauchst Dich nicht zu schämen, Anna.«

»Aber doch. So was Unsauberes. Das gibt es bei mir doch nicht. Aber ich war wohl zu müde.«

»Na gut«, sagte der Förster, »und jetzt gib mir den Hecht.«

Meine Mutter sah ihn erstaunt an. Sie gab sich, als sei ein Förster an ihrem Bett etwas Ungeheuerliches, nichts Erlaubtes. Sie wußte sich keinen anderen Rat mehr, als ihre Stimme zu heben.

»Was denn für ein Hecht? Wo soll er denn sein?«
»Unter der Bettdecke«, sagte Jäde.
»Unter meiner Bettdecke? Da würde ich mich ja graulen, mit einem Hecht im Bett. Das glauben Sie doch wohl selbst nicht.«
»Ein anderer Hecht wäre Dir vielleicht lieber, ein richtiger Hecht von einem Mann«, sagte der Förster, »aber diesmal ist es ein Fisch.«
Meine Mutter richtete sich auf und fast wäre ihr die Bettdecke über den Hecht zurückgerutscht. Sie liebte keine Anspielungen, weder versteckte noch offene. Der Förster war zu weit gegangen. Er wußte es sofort. Er sah es meiner Mutter an. Verlegen ruckte er an dem Riemen seiner Flinte, verlor in wenigen Sekunden an preußischer Haltung, und sah über den Kopf meiner Mutter hinweg auf das Bild, das über den beiden Ehebetten an der Wand hing. Ein rosaroter Engel hielt mit ausgebreiteten Armen und beschützenden Händen vor einem hellblauen, sanften Frühlingshimmel zwei spielende und blumensuchende Kinder vor einem gähnenden Abgrund zurück. Der Förster sah auf den Engel und sagte:
»Ist das Dein Schutzengel?«
»Das ist kein Schutzengel. Das ist ein Hecht. Vielleicht der Hecht, den Sie suchen. Und jetzt muß ich Sie bitten, zu gehen, und zwar sofort.«
»Aber Anna«, sagte der Förster.
»Nix Anna«, sagte meine Mutter. »Dort ist die Tür.«
Sie wies mit der linken Hand zur Tür, und der Förster drehte sich um und ging auf die Tür zu, in deren Rahmen mein Vater stand. Er lächelte unter seinem Schnurrbart, gab sich aber Mühe, seine Genugtuung zurückzuhalten.
»Ich bringe Sie noch hinaus, Herr Förster.«
»Das tut nicht nötig.«
»Aber selbstverständlich«, sagte mein Vater, »man weiß doch, was sich gehört.«

Sie gingen durch die Küche, deren Tür hinaus auf den Hof führte, Jäde voran und mein Vater hinterher. Auf dem Hof blieb der Förster einen Augenblick stehen. Er sah auf das gestapelte Holz, das fast alles gestohlen war. Es lag in Kloben und zerkleinert ordentlich aufgeschichtet. Mein Vater sorgte für seinen Holzbedarf in eigener Art. Der Wald gehörte nach seiner Ansicht auch ihm und nicht nur dem preußischen Staat und dessen Förster. Nachts zog er in den Wald und sägte für sich das um, was geschlagen werden konnte, Kiefern und Buchen, die für den Ofen reif waren. Jäde wußte es, konnte ihm aber nichts beweisen.

»Gutes Holz.«

»Prima Holz«, sagte mein Vater.

»Einmal kriege ich Sie ja doch. Darauf können Sie sich verlassen.«

»Mich kriegen Sie nie. Ich baußle ja keinen Hecht.«

»Aber das waren Sie doch. Leugnen Sie es nicht länger ab. Ich habe doch noch meine zwei Augen im Kopf.«

»Das haben Sie sicher, Herr Förster. Nur ich war es nicht.«

»Wer war es denn sonst?«

»Vielleicht einer meiner Brüder. Die treiben sich ja immer am See herum und sehen alle gleich aus.«

»Die kann ich genau unterscheiden«, sagte Jäde.

»Das glaube ich nicht«, sagte mein Vater, »die kann ja nicht einmal ich unterscheiden.«

Mit einer Waage in der Hand kam er an das Bett meiner Mutter, nachdem der Förster gegangen war. Meine Mutter hatte die Bettdecke zurückgeschlagen und den Hecht neben sich gelegt. Sie war ärgerlich auf ihren Mann, über das durch den Hecht verschmutzte Bett und über den Förster, der sie beleidigt hatte. Sie sah auf die Waage in der Hand meines Vaters.

»Was soll denn die Waage?«

»Mal sehen wie schwer er ist«, sagte mein Vater.

Er nahm den Hecht auf, wog ihn in beiden Händen hin und her, fand ihn schwer, mehr als schwer, beträchtlich schwer, sagte: »Dat is ein Häckt, wat?«, und legte den Hecht auf die Waage, die er auf dem Fußboden neben dem Bett meiner Mutter aufgestellt hatte. Es war ein Vierzehnpfünder. Sofort geriet mein Vater außer sich vor Freude. »Vierzehn Pfund, geschlagene vierzehn Pfund. Na, was sagst Du jetzt?« Meine Mutter nahm nicht teil an seiner Freude. Sie zog die zurückgeschlagene Bettdecke hoch, richtete sich auf und sagte: »Dat givt it nich mihr, Richard, dat nich. Ein für allemal.«

Sie behielt recht. Nach kurzer Zeit gab es das nicht mehr. Kein Förster kam noch einmal in den frühen Morgenstunden an ihr Bett, und kein Mann warf ihr wieder einen Hecht unter die Decke. Der erste Weltkrieg begann, mein Vater zog in den Krieg, Jäde und alle anderen auch, und die Hechte im See wurden für vier Jahre vergessen. Als mein Vater und einige andere wiederkamen, gab es Jäde nicht mehr. Mein Vater fand das die »ausgleichende Gerechtigkeit« und kommentierte den frühen Tod des Försters mit einem seiner Sinnsprüche.

»Gerecht ist gerecht«, sagte er, »und was nicht gerecht ist, das geht auch nicht mit rechten Dingen zu.«

HILDEGARD KNEF
ICH FÜHL' MICH SCHULDIG

Ich fühl' mich schuldig,
wenn es früh am Morgen klingelt,
ich fühl' mich schuldig,
wenn der Hund am Abend bellt,
ich fühl' mich schuldig,
wenn du keinen Parkplatz findest
und der Haustürschlüssel in den Gully fällt.

Ich fühl' mich schuldig,
wenn dein Feiertag verregnet
und wenn's im Mai noch immer schneit,
ich fühl' mich schuldig,
wenn die Post mal wieder spät kommt
und der Schneider nach Bezahlung schreit.
Ich fühl' mich schuldig,
wenn die Welt nicht so ist,
wie ich sie mir für dich erhofft.

Denn: Ich seh' die Welt durch deine Augen
und höre jedes Wort mit deinem Ohr,
für mich gab's immer nur ein Leben,
und das ist dein's, nichts war zuvor.

Ich fühl' mich schuldig,
wenn die Uhr am Bahnhof nachgeht,
ich fühl' mich schuldig,
wenn dein erstes Haar ausfällt,
ich fühl' mich schuldig,
wenn der Wind das Fenster zuschlägt
und das Glück sich allzu kühl verhält.

Ich fühl' mich schuldig,
wenn du müd am Abend heimkommst
und die Blumen für den Hochzeitstag vergißt,
ich fühl' mich schuldig,
wenn du mürrisch sagst: »Verzeih mir«,
und in Gedanken ganz woanders bist ...
Ich fühl' mich schuldig,
wenn die Welt nicht so ist,
wie ich sie mir für dich erhofft.

Denn: Ich seh' die Welt durch deine Augen
und höre jedes Wort mit deinem Ohr;
für mich gab's immer nur ein Leben,
und das ist dein's, nichts war zuvor.

ANGELIKA MECHTEL
KATRIN

Ich habe seine Kinder geboren. Ich habe mich eingeordnet. Ich habe versucht, ihn zu sehen, wie ich sah, daß meine Mutter ihren Mann gesehen hatte. Ich habe gelernt, Windeln zu waschen, Kinder zu trösten und Ordnung zu halten.

Ich habe einmal Mathematik und Latein gelernt, Physik und Französisch. Ich war eine mittelmäßige Schülerin. Ich habe mich streicheln lassen und schlagen. Ich habe zurückgeschlagen; habe gelernt, daß er mir überlegen ist.

Ich habe meinen Leib beobachtet, wie er anschwoll. Ich habe die Geburten überstanden; habe mir gesagt, dafür bist du eine Frau. Ich habe mir zugeredet, ich wollte glücklich sein. Ich habe ihn zur Arbeit geschickt und das Essen gekocht.

Ich habe seine Angst gesehen, als ich im Fieber lag, und seine Ungeduld, wenn das Baby schrie.

Ich habe zugelassen, daß er meine Mutter fortschickte, weil sie in der Ein-Zimmer-Wohnung die Windeln am Ofen trocknete und die Milch vors Fenster stellte. Ich habe gelernt, daß er sagen durfte, was er dachte: Was sollen die Leute von uns denken? Ich habe nichts begriffen. Ich habe mich eingelebt.

Ich habe nach seinem Ärger gefragt. Ich habe ihm zugehört; habe seinen Chef begrüßt, Kollegen bewirtet.

Ich habe mich von seiner Mutter belehren lassen. Ich war freundlich zu ihr. Ich habe von ihr gelernt, wie er gewohnt war zu leben und was er am liebsten aß. Ich habe mich darauf eingestellt.

Ich habe mir sagen lassen, wie sie ihre Kinder erzogen hat. Ich habe meinen Kindern beigebracht, bitte zu sagen und danke, einen Knicks zu machen oder einen Diener, die schöne Hand zu geben und Weihnachtslieder zu singen. Ich habe ihren Sohn kennengelernt. Ich habe Angst gehabt.

Ich habe versucht, verständig zu sein und Nachsicht zu üben. Ich habe die Fehler bei mir gesucht. Ich habe immer gehofft, daß er auch mein großer Bruder sein könnte. Davon habe ich ihm nie etwas gesagt.

Ich habe ihm gesagt, daß ich ihn liebe. Ich habe Zärtlichkeit gelernt; habe die Kinder in Schutz genommen, wenn er wütend war; habe gelernt, daß er wütend sein durfte. Ich habe es mir erklären können. Ich bin nicht verzweifelt. Ich habe mir gesagt, daß ich glücklich bin.

Ich war glücklich, wenn er mich in seinen Armen begrub, wenn er freundlich war. Ich habe ihn trösten können, habe ihm Mut zugesprochen. Ich hatte mir einen sanften Mann gewünscht. Ich habe in geschlossenen Räumen geweint. Ich habe gewußt, daß Depressionen krankhaft sind. Ich habe mich allein gefühlt. Ich habe mir Mut gemacht. Ich habe gesehen, wie meine Hände den Händen meiner Mutter ähnlich wurden; habe mir gesagt, daß die täglichen Niederlagen nichts sind gegen meine Zuneigung. Ich habe mich nicht gefragt.

Wir haben die Anfänge überstanden. Ich habe gelernt, mit seinen Ängsten zu leben. Ich habe ihn geweckt, wenn er nachts in seinen Träumen schrie, habe ihm gesagt: Ich bin es. Ich habe mir seine Träume erzählen lassen. Ich habe zugehört. Ich habe gelernt, auch seine Schwester zu sein. Ich habe mir sagen lassen, daß ich eine mütterliche Ausstrahlung hätte. Ich habe mir gedacht, du mußt warm und weich sein wie ein Muttertier; du mußt eine Höhle sein. Ich habe unsere Kinder geliebt. Zuflucht, habe ich gedacht. Ich habe mich preisgeben wollen, aber ich habe es nicht gekonnt. Ich habe mich schuldig gefühlt. Ich habe mir vorgestellt, daß es vorübergeht, daß wir älter werden und ruhiger. Ich habe gelernt, daß ich einen Mann nicht mehr ändern kann. Ich habe mich nicht daran gehalten.

Ich habe gelernt, Latein zu vergessen und die höhere Mathematik.

Ich habe ihm Mut zugesprochen, als er arbeitslos wurde. Ich habe gelernt, Umzüge zu organisieren, Wohnungen einzurichten und mit dem Geld auszukommen. Ich habe die Krankheiten unserer Kinder überstanden. Ich habe Träume gehabt.

Ich habe Tabletten geschluckt gegen Kopfschmerzen, Tabletten gegen Schlaflosigkeit; ich habe Rückenschmerzen behandeln lassen und Blutarmut. Ich war eine Schlafwandlerin.

Ich habe streiten gelernt; habe Grabenkämpfe geführt. Ich bin in die Verweigerung gegangen, ich habe kein Wort mehr mit ihm gesprochen. Ich bin wütend geworden, wenn er wütend war. Ich habe mir gewünscht, daß die Kinder schnell groß werden.

Ich habe kapituliert, habe mir die Pulsadern aufgeschnitten, aber ich habe nicht sterben wollen. Ich habe es zugelassen, daß er mir den Arm abband; daß er für den Hausarzt einen Unfall erfand. Ich habe gehofft, daß einer fragen würde.

Ich habe mich selbst gefragt.

Wir haben es überstanden. Ich habe ihm den beruflichen Erfolg gewünscht. Ich habe um zwei Kindergartenplätze gekämpft; habe die Oberschwester mit Geschenken bestochen. Ich habe die Pille genommen. Ich habe mir gesagt: Du kannst keine Angst mehr haben. Ich habe meine Gefühle abgewehrt; ich habe eine Grenze gezogen. Ich habe nicht mehr zugelassen, daß mich einer verletzt.

Ich habe Schreibmaschine schreiben gelernt und Stenografie. Ich habe eine Arbeit angenommen. Ich habe Selbstvertrauen gewinnen wollen. Ich habe Geld nach Hause gebracht. Zu Weihnachten habe ich einen Kreislaufkollaps überwunden.

Ich habe halbtags gearbeitet wegen der Kinder.

Wir haben uns Urlaub leisten können und Anschaffungen. Wir sind vorangekommen. Ich habe nicht auf die Zeit geschaut. Ich habe gesagt: Die Neunzig-Stunden-Woche bringt mich nicht um.

Meine Hoffnungen habe ich nicht aufgegeben, ich habe sie verschüttet.

Wir haben ein Haus gebaut; haben die Kinder aufs Gymnasium geschickt. Wir sind dem Elternbeirat beigetreten. Wir haben uns engagiert, wo wir selbst betroffen waren. Wir haben es vermieden, Erinnerungen nachzuhängen. Ich habe mich arrangiert; habe gelernt, mit seinem Temperament umzugehen. Ich bin nicht untergegangen. Ich habe wieder Latein und Mathematik gelernt, als die Kinder es lernten.

Ich habe es nicht aufgegeben, mich von meinem Glück zu überzeugen. Ich bin hartnäckig gewesen. Ich habe es für mich behalten. Unsere Tochter habe ich zum Protest erzogen.

Ich habe gelernt, allein zu sein.

Gestern habe ich meine Tochter in Begleitung eines jungen Mannes gesehen. Ich habe ihm davon erzählt. Ich habe gesagt: Sie ist dir ähnlicher als mir. Ich habe mich gefragt, ob das eine Chance ist.

AUS DEN TAGEBÜCHERN DER ANAÏS NIN

Es gehört nicht zu meinem Leben. Ich habe schon für so viele Menschen zu sorgen. Ich habe schon zu viele Kinder. Wie Lawrence sagte: »Bringe nicht Kinder, bringe Freude in die Welt.« Es gibt zuviele Menschen ohne Hoffnung und Vertrauen in der Welt. So viel Arbeit ist zu tun, so vielen sollte man helfen und dienen. Ich habe schon mehr, als ich bewältigen kann. In der Dunkelheit sitze ich im Zimmer und spreche mit meinem Kind.

»Du solltest nicht in diese schwarze Welt geworfen werden, in der selbst die größten Freuden mit Schmerz durchtränkt sind, in der wir von den materiellen Mächten versklavt werden.«

Es regt sich, stößt.

»Du bist so kräftig, Kind. Aber du wärest besser der Erde ferngeblieben, in der Dunkelheit, im Unbewußten, im Paradies des Nichtseins. Mein Kleines, Ungeborenes, du bist die Zukunft. Ich würde es vorziehen, mit Menschen hier und jetzt zu leben anstatt mit einer Verlängerung meiner selbst in die Zukunft hinein.

Ich fühle, wie deine kleinen Füße gegen meinen Leib stoßen. Das Zimmer, in dem wir sitzen, ist sehr dunkel, gerade so dunkel, wie du es in mir haben mußt, aber es muß schöner für dich sein, in der Wärme zu liegen, als es für mich ist, in diesem dunklen Zimmer nach der Freude des Nichtwissens zu suchen, des Nichtfühlens, des Nichtsehens, der Freude des einfachen Ausruhens in äußerer Wärme und Dunkelheit. Immer wieder suchen wir alle diese Wärme und diese Dunkelheit, ein Weiterleben ohne Schmerz, ein Weiterleben ohne Angst, Furcht, Einsamkeit.

Du drängst ungeduldig zum Leben, du stößt mit deinen kleinen Füßen, mein kleines Ungeborenes. Du solltest so in Wärme und Dunkelheit sterben. Du solltest sterben, weil es auf der Welt keine wirklichen Väter gibt, nicht im Himmel und auch nicht auf der Erde.«

Der deutsche Arzt ist dagewesen. Während er mich untersucht, sprechen wir von den Judenverfolgungen in Berlin.

Das Leben ist voller Schrecken und Wunder.

»Sie sind nicht für Mutterschaft gebaut.«

Ich sitze im dunklen Zimmer und spreche zu dem Kind: »An dem, was auf der Erde geschieht, kannst du sehen, daß es in der Welt keinen Vater gibt, der sich um uns kümmern würde. Wir sind alle Waisen. Du wirst ein Kind ohne Vater sein, wie ich ein Kind ohne Vater war. Deswegen habe ich so vielen geholfen; ich habe die ganze Welt genährt. Wenn es Kriege und Verfolgungen gab, habe ich über alle Wunden geweint, die zugefügt wurden; und wo Ungerechtigkeit geschah, habe ich für die Rückkehr des Lebens, die Wiedergeburt der Hoffnung gekämpft. Die Frau liebt und sorgt sich soviel.

Aber in dieser Frau ist noch das Kind; in ihr geistert noch das kleine Mädchen, klagt von innen her, klagt über den Verlust des Vaters. Wirst auch du herumgehen wie ich und an die Fenster klopfen und jede Zärtlichkeit beobachten, jede beschützende Liebe, die anderen Kindern zuteil wird? Denn sobald du geboren bist, wird, ebenso wie nach meiner Geburt, der Gatte, der Geliebte, der Freund uns verlassen, wie es mein Vater getan hat.

Der Mann ist ein Kind, das sich vor der Vaterschaft fürchtet; der Mann ist ein Kind und kein Vater. Der Mann ist ein Künstler, der alle Liebe, alle Wärme für sich selbst braucht, wie mein Vater. Seine Wünsche sind grenzenlos. Er wünscht sich Treue, Nachsicht, Humor; Verehrung, eine gute Küche, gestopfte Socken, Bedienung, eine Wirtschafterin, eine Geliebte, eine Mutter, eine Schwester, eine Sekretärin, eine Geliebte. Er möchte nicht allein sein auf der Welt.

Er wird sich die Ohren verschließen vor deinem Klagen und Weinen, deinem Leiden, und wird es hassen, daß ich dich füttere anstatt sein Werk, seine Schöpfung. Er wird dich dieses Werkes wegen beiseite schieben, das ihm Macht und Anerkennung bringt. Er wird fortgehen, wie mein Vater von seiner Frau und seinen Kindern fortgegangen ist, und du wirst allein sein wie ich.

Besser wäre es, zu sterben, als verlassen zu werden, denn du verbringst dein Leben auf der Suche nach dem verlorenen Vater, diesem Teil deines Körpers und deiner Seele, diesem verlorenen Fragment deines Ichs.

Es gibt keinen Vater auf der Erde. Der Schatten, den Gottvater auf die Welt wirft, ein Schatten, größer als der Mensch, täuscht uns. Diesen Schatten wirst du verehren und berühren wollen, Tag und Nacht wirst du von seiner Wärme träumen, seiner Größe träumen, wie er dich einhüllt und einlullt, gewaltiger als ein Dach, so gewaltig wie der Himmel, groß genug, deine Seele und alle ihre Ängste zu umspannen, größer als Mann und Weib, als Kirche oder Haus, der Schatten eines Zauberervaters, den man nirgends finden kann. Es ist der Schatten Gottes, des Vaters. Es wäre besser, wenn du ruhig in mir sterben könntest, in Wärme und Dunkelheit.«

Der Arzt hört die Herztöne des Kindes nicht. Er bringt mich in die Klinik. Ich fühle mich erleichtert, aber tief innen fürchte ich die Anästhesie. Bedrückende Gefühle, Erinnerung an andere Narkosen. Angst. Wie ein Geburtstrauma. Es ist ein Sechsmonatskind. Vielleicht können sie es retten. Angst. Todesangst. Angst, in den ewigen Schlaf zu versinken. Aber ich lächle, mache Scherze. Man rollt mich in den Operationssaal. Die Beine werden festgebunden und gespreizt: die Liebesstellung in einem kalten, weißen Operationssaal, klirrende Instrumente, der Geruch nach Antiseptika und die Stimme des Arztes. Ich zittere vor Kälte, bin blau vor Kälte und Angst.

Äthergeruch. Betäubung sickert durch die Venen, kühl. Ich fühle mich schwer, gelähmt, aber der Verstand arbeitet noch klar und kämpft gegen die Todesvorstellung an, gegen den Tod, gegen den Schlaf. Die Stimmen werden leise. Ich kann nicht mehr antworten. Ich möchte etwas sagen, weinen, murmeln. »Ça va madame, ça va madame? Çavamadame, çavamadame, çavamadame, çavamadameeee...«

Das Herz schlägt verzweifelt, laut, als müßte es bersten. Dann falle ich, falle, rolle hinab, träume, träume, träume, voller Angst. Träume von einer Bohrmaschine, die zwischen meinen Beinen bohrt, aber unspürbar. Plötzlich wieder Stimmen. Die Stimmen werden deutlich. »*Ça va, madame? Faut-il lui en donner encore? Non, c'est fini.*« Ich weine. Etwas drückt auf mein Herz. Ich bin müde. Atmen fällt schwer. Mein erster Gedanke ist, daß ich den Arzt beruhigen muß, so sage ich: »*C'est très bien, très bien, très bien.*«

Ich liege in meinem Bett, kehre zurück aus dem Tod, der Dunkelheit, der Abwesenheit des Lebens. Ich bitte um Kölnischwasser. Der Arzt hatte die Absicht, eine natürliche Geburt zu provozieren. Aber es geschah nichts. Keine natürlichen Wehen, Krämpfe. Um zehn Uhr untersucht er mich. Erschöpft mich. Die ganze Nacht lang hörte ich die Klagen einer Frau, die an Krebs starb. Lange, wehvolle Klagen, verzweifelte Schmerzensschreie... Stille... und wieder die Klage.

Am nächsten Morgen operierte der Arzt wieder. Der Wagen wurde hereingerollt. Ich sagte scherzend, ich brauchte eine Zeitkarte. Ich versuchte, mich nicht gegen die Narkose aufzulehnen, sie zu überwinden, sie mir als Vergessen vorzustellen, nicht als Tod. Hatte ich mir nicht immer eine Droge gewünscht, durch die man vergißt? Ich sehnte mich nach Schlaf. Ich ergab mich dem Gedanken an den Tod, ließ mich gehen, und die Angst schwand ein wenig.

Einen Augenblick lang hatte ich Angst. Als sie zu operieren begannen, konnte ich es fühlen, aber ich wußte nicht, ob ich wach genug war, etwas zu sagen: »Ich schlafe nicht...« Aber der Arzt hörte und beruhigte mich. Er wartete. Ich schlief. Ich hatte komische Träume. Diesmal dauerte es nicht so lange.

Gegen acht Uhr hatte ich einige schmerzhafte Wehen. Der Arzt meinte, jetzt sei es soweit. Er ließ eine Hebamme kommen. Ich kämmte mein Haar, puderte und parfümierte mich, malte die Augenlider nach. Um acht Uhr brachten sie mich in den Operationssaal.

Ich lag ausgestreckt auf einem Tisch. Er war für die Beine zu kurz, so mußte ich sie aufgestellt halten. Zwei Schwestern lehnten sich über mich. Mir gegenüber stand der deutsche Arzt mit dem Gesicht einer Frau und vorquellenden Augen wie jene von Peter Lorre in ›M‹. Zwei Stunden lang machte ich heftige Anstrengungen. Das Kind in mir war nur sechs Monate alt und doch schon zu groß für mich. Ich war erschöpft. Die Venen schwollen striemenartig an. Ich hatte mit meinem ganzen Ich gepreßt, ich hatte gepreßt, als sollte das Kind aus meinem Körper heraus in eine andere Welt befördert werden. »Pressen, pressen! Soviel Sie können!« Preßte ich mit meiner ganzen Kraft? Konnte ich nicht noch mehr? Etwas in mir wollte das Kind nicht herauspressen. Der Arzt wußte das. Daher war er zornig, merkwürdig zornig. Er wußte.

Ein Teil von mir blieb passiv, wollte nichts abgeben, nicht einmal dieses tote Fragment von mir, für eine kalte Außenwelt. Alles in mir, was halten, einlullen, umarmen, lieben wollte; alles von mir, was tragen, behüten, beschützen wollte; alles von mir, was die ganze Welt in leidenschaftliche Zärtlichkeit einschließen wollte: alles dies in mir wollte das Kind nicht hergeben, noch die Vergangenheit, die in mir gestorben war. Obwohl es mein Leben bedrohte, konnte ich dieses Fragment des Lebens nicht losbrechen, nicht herausziehen, mich nicht von ihm trennen und es nicht überwinden, konnte ich mich nicht öffnen und ausdehnen, um es loszulassen, das Kind oder irgend jemand sonst auszustoßen in die Kälte, wo es von fremden Händen aufgefangen würde, um an einem fremden Ort begraben zu werden, verloren zu sein, verloren, verloren.

Der Doktor wußte. Vor ein paar Stunden hatte er mich noch bewundert, war ergeben und verehrungsvoll gewesen, aber jetzt war er zornig. Und auch ich war zornig, ich spürte einen schwarzen Zorn gegen den Teil von mir, der sich weigerte, zu pressen, zu töten, sich zu trennen, zu verlieren. »Pressen! Pressen! Mit aller Kraft!« Ich preßte mit Zorn, mit Verzweiflung, mit Raserei, mit dem Gefühl, daß ich von diesem Pressen sterben würde, wie man den letzten Atemzug auspreßt, als müßte ich alles auspressen, was in mir war, meine ganze Seele, das Blut, die Adern mit dem erstickten Herzen in ihrer Mitte, damit sich mein Körper öffnen und Rauch daraus aufsteigen würde, bis der Tod seinen endgültigen Einschnitt machte.

Die Schwestern lehnten sich über mich und sprachen miteinander, während ich mich ausruhte. Dann preßte ich, bis ich die Gelenke knacken hörte, die Venen anschwollen. Ich schloß die Augen so fest, daß ich Blitze und rote und purpurne Wellen sah.

In meinen Ohren war Lärm, ein Schlagen, als wäre das Trommelfell geborsten. Zwischen meinen geschlossenen Lippen sickerte Blut durch. Ich mußte mich in die Zunge gebissen haben. Meine Beine waren ungeheuer schwer, wie Marmorsäulen, wie riesige Marmorsäulen, die meinen Körper zermalmten. Ich bat, daß sie jemand halten möge. Die Schwester setzte mir ein Knie in den Magen und rief: »Pressen! Pressen! Pressen!« Ihre Schweißtropfen fielen auf mich. Der Doktor ging ärgerlich und ungeduldig auf und ab. »Wir werden die ganze Nacht hier sein. Es ist jetzt drei Uhr.« Ich sah und hörte alles, aber ich war nicht dabei. Alles wurde blau, dann schwarz. Die Instrumente vor meinen geschlossenen Augen schienen zu glühen. In meinen Ohren wurden Messer geschärft. Eisige Stille.

Dann hörte ich Stimmen. Sie sprachen zu schnell, ich verstand sie nicht. Ein Vorhang wurde geteilt, die Stimmen tropften, sie schossen schnell wie ein Wasserfall vorbei, funkensprühend, und verletzten meine Ohren. Der Tisch rollte langsam, rollte. Die Frauen schwammen in der Luft. Köpfe. Wo die großen weißen Knollen der Lampen hingen, waren Köpfe. Der Arzt ging noch immer auf und ab, die Lampen bewegten sich, die Köpfe kamen näher, sehr nahe heran, und die Worte fielen langsamer.

Sie lachten. Eine Schwester sagte: »Bei meinem ersten Kind hat es mich einfach in Stücke zerrissen. Sie haben mich genäht, dann kam das nächste Kind, und sie haben mich wieder genäht, und dann kam noch ein Kind.« Die andere Schwester sagte: »Meines rutschte wie ein Kuvert durch den Briefkasten. Aber dann wollte die Tasche nicht heraus, die Tasche nicht heraus, heraus, heraus.« Warum wiederholen sie sich immer? Und warum drehten sich die Lampen? Und warum ging der Doktor so schnell, schnell, schnell?

»Sie kann nicht mehr mitarbeiten. Bei sechs Monaten hilft die Natur nicht. Wir sollten ihr noch eine Injektion geben.« Ich spürte, wie die Nadel eindrang. Die Lampen hingen still. Die eisigen, blauen Ringe um die Lampen flossen in meine Venen herab. Mein Herz pochte wild.

Die Schwestern plauderten. »Dies Baby von Frau L. vergangene Woche, wer hätte geglaubt, daß sie zu schmal sein wird, eine so große Frau.« Es war, als würde immer dieselbe Schallplatte abgespielt, als sagten sie noch einmal und noch einmal, daß die Tasche nicht herauswollte, das Kind wie ein Brief aus dem Briefkasten fiel, daß sie von den vielen Arbeitsstunden so müde seien. Sie lachten über das, was der Arzt sagte. Sie sagten, daß sie keinen Verbandsstoff mehr hätten und um diese Zeit auch keinen bekommen könnten. Sie wuschen die Instrumente und sprachen, sprachen, sprachen, sprachen.

Bitte haltet meine Beine! Bitte haltet meine Beine! *Bitte haltet meine Beine!* Ich bin wieder bereit. Wenn ich den Kopf zurücklege, sehe ich die Uhr. Ich kämpfe schon seit vier Stunden. Besser wäre es, zu sterben.

Warum lebe ich und kämpfe so verzweifelt? Warum *leben?* Ich erinnere mich an nichts mehr. Ich sehe hervorquellende Augen und Blut und höre Frauen sprechen. Alles ist Blut und Schmerz. Was bedeutet *leben?* Wie kann man *Leben* fühlen?

Ich muß pressen. Ich muß pressen. Es gibt einen schwarzen Punkt, einen festen Punkt in der Ewigkeit. Am Ende eines finsteren Tunnels. Ich muß pressen. Presse ich oder sterbe ich? Eine Stimme sagt: »Pressen! Pressen! Pressen!« Ein Knie in meinem Magen, Schenkel, weiß wie Marmor, ein zu großer Kopf. Ich muß pressen. Das Licht über mir, das große, runde, flammende, weiße Licht trinkt mich ein. Es trinkt mich. Es trinkt mich langsam, saugt mich in die Unendlichkeit. Wenn ich die Augen nicht schließe, wird es mich leertrinken. Ich sickere in einem langen, eisigen Faden nach oben, in das Licht. Aber auch innen in mir ist Feuer, die Nerven werden zerrissen, es gibt kein Ausruhen in diesem langen Tunnel, der mich fortsaugt. Oder wühle ich mich aus diesem Tunnel hinaus? Oder wird das Kind aus mir ausgestoßen, während das Licht mich trinkt? Wenn ich die Augen nicht schließe, wird es mich ganz trinken, und ich werde nicht mehr die Kraft haben, mich aus dem Tunnel zu befreien.

Sterbe ich? Das Eis in den Venen, das Knacken der Gelenke, diese Bewegung, die sich in der Finsternis vollzieht, nur aufgehellt von einer dünnen Strähne Lichts, die wie ein Messer in die Augen sticht, während ein anderes Messer das Fleisch schneidet; während das Fleisch irgendwo reißt, wie von einer Stichflamme verbrannt – irgendwo reißt Fleisch, und Blut fließt aus. Ich presse in der Dunkelheit, in der äußeren Dunkelheit, ich presse und presse, bis die Augen wieder aufgehen und ich den Doktor sehen kann, der ein langes Instrument in mich hineinstößt. Ich schreie vor Schmerzen auf. Ein langes, tierisches Heulen.

»Jetzt wird sie wieder pressen«, sagt er zur Schwester. Aber das stimmt nicht. Ich bin vor Schmerz gelähmt. Er will noch einmal zustoßen. Ich setze mich auf und brülle ihn an: »Wagen Sie das nicht noch einmal!« Die Hitze meines Zorns wärmt mich, Schmerz und Eis schmelzen in dieser Wut. Ich fühle instinktiv, daß er etwas tut, was nicht notwendig ist, daß er es nur tut, weil er verärgert ist, weil sich die Zeiger der Uhr weiterdrehen. Die Dämmerung kommt, aber das Kind kommt nicht, ich verliere an Kraft, und die Injektionen haben keine Wehen zur Folge. Der Körper rührt weder Nerv noch Muskel, um das Kind auszuwerfen. Mein Wille, meine Kraft sollen alles leisten. Mein Zorn erschreckt ihn, er weicht zurück.

Dieselben Schenkel, die ich der Liebe geöffnet hatte, der Tau, der in der Liebe floß – jetzt sind diese Schenkel vor Schmerzen gespreizt, und der Tau fließt mit Blut vermischt. Es ist dieselbe Stellung, dieselbe Nässe der Leidenschaft, aber dies ist nicht die Liebe, sondern der Tod.

Der Arzt geht auf und ab und beugt sich, um den kaum sichtbaren Kopf des Kindes zu betrachten. Die Schenkel wie Scherenglieder und ein Stückchen Kopf. Er steht ratlos davor, wie vor einem seltsamen Mysterium, ratlos vor diesem Kampf. Er möchte mit seinen Instrumenten eingreifen, während ich mit der Natur kämpfe, mit mir selbst, mit meinem Kind, mit dem Sinn, den ich gebe, meinem Wunsch, zu geben und zu behalten, zu halten und zu verlieren, zu leben und zu sterben. Mir können Instrumente nicht helfen. Er ist wütend. Am liebsten würde er zum Messer greifen. Aber er muß warten.

Die ganze Zeit versuche ich mich zu erinnern, warum ich leben wollte. Aber ich habe nur Schmerzen, keine Erinnerung. Die Lampe trinkt mich nicht mehr. Ich bin zu müde, mich zu bewegen, sei es auch nur dem Licht zu, oder meinen Kopf zu wenden und auf die Uhr zu blicken. In meinem Körper brennen Feuer, ich breche auseinander, das Fleisch ist in Not. Das Kind ist kein Kind; es ist ein Dämon, der halb erstickt zwischen meinen Schenkeln liegt, mir das Leben raubt, mich stranguliert und nur seinen Kopf sichtbar werden läßt, während ich unter seinen Griffen sterbe. Der Dämon liegt wie tot an der Schwelle des Schoßes und versperrt den Weg ins Leben. Ich kann mich nicht befreien von ihm.

Die Schwestern unterhalten sich wieder. Ich sage: »Lassen Sie mich allein.« Ich lege beide Hände über den Leib und beginne langsam, sehr langsam, mit den Fingerspitzen in Kreisen zu trommeln. Immer in Kreisen, behutsam, friedlich, mit weit geöffneten Augen. Der Arzt staunt. Die Schwestern schweigen. Trommeln, trommeln, in langsamen Kreisen, in sanften, langsamen Kreisen. »Wie eine Wilde«, flüstern sie. Das Mysterium.

Mit offenen Augen und beruhigten Nerven trommle ich zärtlich und lange auf meinem Leib. Die Nerven beginnen zu beben. Eine seltsame Erregung durchläuft sie. Ich höre das Ticken der Uhr. Sie tickt unerbittlich und fern. Die kleinen Nerven erwachen, rühren sich. »Jetzt kann ich pressen«, sage ich und presse heftig. Sie rufen: »Noch mehr! Nur ein bißchen mehr noch!«

Werden mich das Eis und die Dunkelheit noch einmal einholen? Am Ende des dunklen Tunnels blitzt ein Messer. Ich höre die Uhr und mein Herz. Ich sage: »Halt!« Der Arzt hebt die Instrumente und lehnt sich über mich. Ich setze mich auf und schreie ihn an. Er zuckt wieder zurück. »Geht! Alle! Laßt mich allein.«

Ganz ruhig sinke ich zurück. Ich höre das Ticken. Ich trommle. Ich fühle, wie sich mein Leib bewegt, wie er sich ausdehnt. Meine Hände sind so müde, sie werden herabfallen. Wenn sie abgleiten, wird wieder die Dunkelheit beginnen. Der Leib bewegt sich, dehnt sich aus. Trommeln, trommeln. »Jetzt!« Die Schwester setzt mir das Knie in den Magen. In meinen Augen ist Blut. Ich presse mich in den Tunnel. Ich beiße mir auf die Lippen und presse. Feuer, platzendes Fleisch, Atemnot. Hinaus aus dem Tunnel. Mein ganzes Blut fließt aus.»Pressen! Pressen! Es kommt! Es kommt!« Ich fühle etwas Schlüpfriges, eine plötzliche Erleichterung, das Gewicht ist weg. Dunkelheit.

Ich höre Stimmen. Ich öffne meine Augen. Ich höre, wie sie sagen: »Es war ein kleines Mädchen. Besser, man zeigt es ihr gar nicht.« Meine ganze Kraft kehrt zurück. Ich setze mich auf. Der Doktor schreit: »Um Gottes willen rühren Sie sich nicht, bleiben Sie liegen!«

»Zeigt mir das Kind«, sage ich.

»Zeigen Sie es nicht«, sagt die Schwester, »es wäre nicht gut für sie.«

Die Schwestern wollen mich niederdrücken. Mein Herz schlägt so laut, daß ich mich selbst kaum sprechen höre. »Zeigen Sie es mir!« Der Doktor hebt es auf. Es sieht dunkel aus und klein, ein Zwergmensch. Aber es ist ein kleines Mädchen. Es hat lange Wimpern an seinen geschlossenen Lidern, es ist gut proportioniert und von der Feuchtigkeit des Mutterschoßes glänzend. Es sieht aus wie eine Puppe, wie ein kleiner Indianer, einen Fuß lang, nur Haut und Knochen, kein Fleisch. Aber es ist vollständig ausgebildet. Wie mir der Doktor später sagte, hatte es Hände und Füße genau wie die meinen. Der Kopf war überdurchschnittlich groß. Als ich das tote Kind ansah, haßte ich es für alle die Schmerzen, die es mir bereitet hatte; erst später wandelte sich dieser Zorn in eine große Trauer.

Lange, peinigende Träume von der Zukunft, die dieses kleine Mädchen gehabt haben könnte. Eine Totgeburt, mein erstes totes Werk. Jeder Tod, jede Zerstörung bringt einen großen Schmerz. Die Mutterschaft, ihre körperliche Verwirklichung, war mir versagt; meine ganze Hoffnung auf wirkliche, menschliche, einfache, unmittelbare Mutterschaft lag tot vor mir; und es blieb mir nur die symbolische Mutterschaft im Sinne von

Lawrence: mehr Freude in die Welt zu bringen. Aber ein einfaches menschliches Glück wurde mir nicht gegönnt.

Vielleicht war ich für eine Schöpfung anderer Art ausersehen. Durch eine Laune der Natur soll ich eine Frau für den Mann sein, nicht eine Mutter, oder nicht eine Mutter für Kinder, sondern für Menschen. Die Natur hat meinen Körper für die Liebe des Mannes geschaffen, nicht für ein Kind. Das Kind wäre eine primitive Verbindung zur Erde gewesen, eine Verlängerung meines Ichs, die mir verwehrt wurde, um mein Schicksal in eine andere Richtung zu steuern.

Ich liebe den Mann als Schöpfer, als Liebenden, Gatten, Freund, aber zum Mann als Vater habe ich kein Vertrauen. Ich glaube nicht an den Mann als Vater. Wenn ich wollte, daß dieses Kind stirbt, dann weil ich voraussah, daß es denselben Mangel erleben würde.

Arzt und Schwestern staunten über meine Kraft und meine Neugierde. Sie hatten Tränen erwartet. Mein Make-up hielt. Erst später legte ich mich in einem Anfall von Schwäche zurück. Allein in meinem Bett, weinte ich. Im Spiegel sah ich, daß die Äderchen in meinem Gesicht gesprungen waren. Ich schlief ein.

Morgentoilette, Parfüm, Puder. Dem Gesicht war nicht viel anzumerken. Besucher. Marguerite, Otto Rank, Henry. Ungeheure Schwäche. Noch ein Ruhetag. Am dritten Tag kam die Angst zurück.

Die kleine Schwester aus Südfrankreich vernachlässigte alle ihre anderen Patienten, um mein Haar zu kämmen. Alle Schwestern küßten und verwöhnten mich. Ich badete in Liebe, fühlte mich schlaff, ruhig und leicht. Und dann machte die andrängende Milch meine Brüste hart. Zuviel Milch. Eine erstaunliche Menge Milch für eine so kleine Person. Härte und Schmerz. In der Nacht begann der Alptraum von neuem.

Alle Schwestern waren gegen den deutschen Arzt: weil er Deutscher war, weil er herrisch mit ihnen umging, weil sie glaubten, er mache alle nur möglichen Fehler. Ein französischer Arzt des Spitals hatte gedroht, er würde mich mit Gewalt von ihm befreien. Die Schwestern tuschelten, lehnten sich gegen seine Anordnungen auf. Sie taten das Gegenteil von dem, was er verlangte. Er band meine Brüste so, sie banden sie anders. Er habe in allem Unrecht, sagten sie; nach seiner Methode würde ich Brustgeschwüre bekommen. Diese Vorstellung erschreckte mich. Mein Lebensmut schwand. Ich fühlte wieder eine dunkle Bedrohung über mir und stellte mir vor, daß meine Brüste für immer verdorben sein könnten. Geschwüre. Die Schwestern schienen mir feindselig: als wünschten sie, daß ich Geschwüre bekäme, nur um dem deutschen Arzt zu beweisen, daß er es falsch machte. Die Art, wie sie sich über mich beugten, mich untersuchten, ließ das Schlimmste vermuten. Sie steckten mich an, erschreckten mich.

Die Krebskranke stöhnte noch immer. Ich konnte nicht schlafen. Ich dachte über Religion nach, über den Schmerz. Ich hatte das Ende der Schmerzen noch nicht erreicht. Ich dachte an den Gott, den ich mit soviel Sehnsucht in der Kommunion empfing und mit meinem Vater verwechselte. Ich dachte an den Katholizismus. Er schien mir seltsam. Ich erinnerte mich, daß die heilige Theresa mein Leben gerettet hatte, als ich neun Jahre alt war. Ich dachte an Gott als an einen Mann mit Bart aus meinem Bilderbuch. Nein, kein Katholizismus, keine Messen, keine Beichte, keine Priester. Aber Gott, wer war Gott? Was war aus meiner kindlichen Sehnsucht geworden?

Die Gedanken machten mich müde. Ich schlief ein, die Hände wie eine Tote über der Brust gefaltet. Und ich starb wieder, wie ich schon oft gestorben war. Mein Atem wurde ein anderer Atem, ein innerer Atem. Ich starb und wurde am Morgen wiedergeboren, als die Sonne heraufkam, an der Wand mir gegenüber.

Blauer Himmel und Sonnenschein an der Wand. Die Schwester hat mich aufgestützt, damit ich den neuen Tag sehen kann. Ich liege hier, fühle den Himmel und mich selbst eins mit der Sonne und vergehe in der Unendlichkeit und Gott. Gott durchdringt meinen ganzen Körper. Ich zittere und bebe vor unendlicher Freude. Kälte und Fieber und Licht, Erleuchtung und Heimsuchung des Körpers, die Schauer einer Gegenwart. Das Licht und der Himmel sind im Körper, Gott ist im Körper, und ich schmelze in Gott. Ich schmolz in Gott. Kein Bild. Nur Raum, Gold, Reinheit, Ekstase, Unendlichkeit, in unbegreiflicher Kommunion. Ich weinte vor Freude. Ich wußte, daß alles, was ich getan hatte, gut war. Ich wußte, daß ich kein Dogma brauchte, um mich mit ihm zu vereinen; ich brauchte nur zu leben, zu lieben, zu leiden. Ich brauchte keinen Mann, keinen Priester, um mich mit ihm zu verbinden. Wenn ich mein Leben auslebte, meine Leidenschaften, meine schöpferischen Kräfte, so gut ich es konnte, war ich eins mit dem Himmel, dem Licht und mit Gott.

Ich glaube an die Verwandlung von Blut und Fleisch. Ich habe das Unendliche erreicht, durch das Fleisch und durch das Blut. Durch Fleisch und Blut und Liebe. Ich bin ganz geworden. Mehr kann ich nicht sagen. Mehr ist nicht zu sagen. Die größten Wunder sind die einfachsten.

Von diesem Augenblick an fühlte ich mich mit Gott verbunden, in einer einzigartigen, wortlosen, individuellen, vollständigen Verbindung, einer gewaltigen Freude und einem Sinn für die Größe des Lebens und der Ewigkeit. Ich war geboren worden. Ich war als Frau geboren. Um Gott und den Mann zu lieben, das Göttliche und das Menschliche. Ich durfte sie nicht mehr verwechseln. Ich war für eine große Ruhe geboren, eine übermenschliche Freude, über und jenseits menschlicher Sorge, größer als Schicksal und Schmerz. Diese Freude, die ich in der Liebe des Mannes und im schöpferischen Werk finde, wird vollständig in der Kommunion mit Gott.

Der Arzt kam, untersuchte mich und traute seinen Augen nicht. Ich war so gesund, als wäre nichts mit mir geschehen. Ich durfte die Klinik verlassen. Ich fühlte mich so wohl, als ich vor aller Augen hinausging. Es war ein warmer Sommertag. Ich ging mit der Freude, dem großen Mund des Todes entronnen zu sein. Ich weinte vor Dankbarkeit und Freude.

Obst. Blumen. Besucher. Ich ging zu Bett mit dem Gedanken an Gott und mit dem Gefühl, im Garten des Himmels zu schlafen. Mit dem Gefühl, in riesige Arme genommen zu werden, die geheimnisvoll beschützend ausgestreckt waren. Mondlicht fiel in das Zimmer. Der Himmel war ein Nest, eine Hängematte. Ich schwang durch unendliche Räume, außerhalb der Welt. Ich schlief innen in Gott.

Um fünf Uhr fuhr ich nach Louveciennes hinaus. Der Tag war schläfrig und warm. Ich saß im Garten in einem Liegestuhl. Marguerite kümmerte sich um mich. Ich träumte und ruhte. Wir aßen im Garten.

Mein Rhythmus ist langsam. Ich will noch nicht wieder zurück in das Leben, in die Leiden, Aktivitäten und Konflikte. Alles beginnt neu; der Tag ist freundlich, aber vergänglich wie ein Hauch, wie der letzte Hauch des Sommers aus Hitze und Blätterduft. Sanft und traurig, das Ende des Sommers. Die Blätter fallen schon.

GERTRUD WILKER
IST ES MÖGLICH?

»Wie ist es möglich, daß du's mit Vater ausgehalten hast, ohne mal davonzulaufen, Mutter, sag?«
»Davonlaufen zu einem andern, meinst du?«
»Nein, einfach auf und davon. Einmal nicht auf einen dieser ahnungslosen Männer Rücksicht nehmen.«
»Ohne Rücksichten kannst du mit keinem Menschen zusammen sein, auch nicht eine Frau mit einer Frau. Ich hab' halt mit Vater leben wollen, eingerechnet seine und meine Unvereinbarkeiten.«
»Trotzdem, wie ist es möglich, mehr als fünfundzwanzig Jahre lang, gib zu, daß ihr euch auf die Nerven geht, gib's zu, Mutter.«
»Ja, wir gehn uns auf die Nerven. Wir haben auch unsere gegenseitigen Schwächen geheiratet.«
»Bist du nicht nur zu bequem, Vaters Schwächen unerträglich zu finden und dich abzusetzen?«
»Er hat seine Schwächen zum Teil mit mir zusammen entwickelt – er nimmt auch die meinigen in Kauf.«
»Also ein Tauschhandel, Mutter, ein Geschäft? Gib's zu.«
»Stimmt, ein Tauschhandel. Sagen wir: Liebe gegen Liebe.«
»Nach mehr als fünfundzwanzig Jahren?«

GERTRUD WILKER
DIESER TEIL MEINES LEBENS

»Wie ist es, Mutter, wenn ihr zusammen schlaft? Für dich, für Vater, für euch beide?«
»Willst du eine Reportage? Technische Anleitungen?«

»Wie ist es für dich, sag, Mutter.«
»Möchtest du vergleichen, von Frau zu Frau?«
»Sag. Ich bin deine Tochter, niemand steht mir näher in dieser Hinsicht, nicht?«
»Nein, niemand. Aber ich habe Geheimnisse, die ich nicht teile, die sind mein Privatbesitz. Verstehst du das?«
»O ja. Sag's aber trotzdem: so und so. Sei nicht feig, Mutter.«
»Was könnte ich sagen? Liebesglück und Liebesunglück sind nicht mitteilbar. Man geht darin unter, ist überwältigt oder enttäuscht oder beides –«
»Du willst nicht? Was würdest du denn preisgeben?«
»Ich kann nicht, Kind, will auch nicht. Du würdest nichts daraus lernen.«
»Doch. Wie man miteinander reden soll, über diesen Teil eines Lebens.«

Dorothee Sölle
SANDYS GESCHICHTE

Sandys geschichte von ihrem vater
der neben ihr im auto sitzt und weint
achtundfünfzig ist er und spricht mit ihr
zum ersten mal und weint
über das vorläufig schlimmste in seinem leben
den tod des doktors als er ein junge war

Sandys vater hat nie gesprochen
wir kinder kannten ihn nicht
etwas in seinem leben muß ihn
zum verstummen gebracht haben
für über vierzig jahre sagt sandy

Der doc war ungewöhnlich
er lief mit sandys vater durch den wald
er kannte die namen der kräuter
der bodenschichten und der tiere
der doc und der junge kamen überein
das land zu retten alle sollten
lebendig bleiben die tiere nicht weggehen

Das ganze tal das nicht besonders fruchtbar war
sollte wild bleiben und unverkauft
wie häuptling seattle gesagt hat
kann man die erde verkaufen
kann man die tiere im wald kaufen

Als der doc starb war sandys vater gerade erst vierzehn
er sprach nicht mehr und flog aus der schule
er ging arbeiten heiratete hatte zwei kinder
und ein häuschen
niemand hat sandys vater je weinen gesehen

Eine art love-story
eine art sterben
ich sehe den doc sagt sandy
in gummistiefeln das sumpfgras war so hoch
das land sagt sandy ging an
chase manhattan bank

Saki
DAS SCHWEIGEN DER LADY ANNE

Egbert kam in den großen Salon, der nur schwach erleuchtet war; er machte den Eindruck eines Menschen, der sich nicht ganz klar ist, ob er einen Taubenschlag oder eine Munitionsfabrik betritt, und der daher mit allem rechnet. Der kleine Familienstreit beim Mittagessen war nicht bis zu einer Entscheidung ausgefochten worden, und die Frage war, inwieweit Lady Anne gewillt war, die Feindseligkeiten wiederaufzunehmen oder zu vergessen. Ihre Haltung, mit der sie in dem Sessel neben dem Teetischchen saß, war von vollendeter Strenge; im Dämmerlicht des Dezembernachmittags konnte Egbert selbst mit Hilfe seines Kneifers den Ausdruck ihres Gesichts nicht genau erkennen.

Um auf jeden Fall das Eis zu brechen, das sich an der Oberfläche gebildet hatte, machte er eine ganz bestimmte Bemerkung; sowohl er selbst als auch Lady Anne waren gewohnt, daß einer von ihnen diese Bemerkung an winterlichen oder spätherbstlichen Nachmittagen in der Zeit zwischen sechzehn Uhr dreißig und achtzehn Uhr machte. Eine Erwiderung pflegte nicht zu erfolgen – und so schwieg auch Lady Anne.

Don Tarquino lag lang ausgestreckt auf dem Perserteppich. In unnachahmlicher Gleichgültigkeit gegenüber der möglicherweise schlechten Laune Lady Annes genoß er den warmen Schein des Kaminfeuers. Sein Stammbaum war genauso fehlerfrei persisch wie der des Teppichs, und sein Schnurrbart kam nun bereits in das zweite Jahr. Der junge Diener – ein Verehrer der Renaissance – hatte ihn auf den Namen »Don Tarquino« getauft. Andernfalls hätten Egbert und Lady Anne ihn zweifellos »Fluff« gerufen – aber in solchen Dingen waren sie nicht halsstarrig.

Egbert goß sich eine Tasse Tee ein. Als nichts darauf schließen ließ, daß Lady Anne das Schweigen von sich aus brechen würde, überwand er sich zu einem neuen Versuch.

»Die Bemerkung, die ich bei Tisch machte, hatte eine rein akademische Bedeutung«, verkündete er. »Ich habe den Eindruck, daß du sie unnötigerweise persönlich genommen hast.«

Lady Anne hielt die abwehrende Barriere des Schweigens weiterhin aufrecht. Der Dompfaff füllte die eingetretene Pause, indem er gelangweilt eine Arie aus »Iphigenie auf Tauris« pfiff. Egbert erkannte sie sofort, weil es die einzige Melodie war, die der Dompfaff überhaupt pfeifen konnte; schon als der Vogel zu ihnen kam, hatte man ihm nachgesagt, daß er diese Arie pfeifen könne. Sowohl Egbert als auch Lady Anne hätten es lieber gesehen, wenn es irgendeine Melodie aus »Der Königliche Leibgardist«, ihrer Lieblingsoper, gewesen wäre. In künstlerischen Dingen herrschte zwischen ihnen eine Ähnlichkeit des Geschmacks: In der Kunst liebten beide Ehrlichkeit und Offenheit; so bevorzugten sie zum Beispiel jene Gemälde, die mit weitgehender Unterstützung ihres Titels eine ganze Geschichte erzählen können. Ein reiterloses Schlachtroß, dessen Sattelzeug unmißverständlich in Unordnung geraten ist, das gerade in einen mit blassen und ohnmächtigen Frauen bevölkerten Schloßhof stolpert und demzufolge unter die Rubrik »Schlechte Nachricht« fallen kann, rief in ihrer Phantasie sofort den Eindruck einer militärischen Katastrophe hervor. Deutlich konnten sie erkennen, was das Bild sagen wollte; und so waren sie auch in der Lage, es ihren Bekannten von gemäßigterer Intelligenz zu erläutern.

Das Schweigen dauerte an. In der Regel wurde Lady Annes Mißfallen nach vier einleitenden, stummen Minuten deutlich vernehmbar. Egbert griff nach dem Sahnekännchen und goß einen Teil seines Inhalts in Don Tarquinos Schüssel. Da diese Schüssel bereits gefüllt war, bestand das Ergebnis seiner Bemühung in einem Fleck, den die übergelaufene Sahne bildete. Don Tarquino beobachtete den Vorgang mit überraschtem Interesse, das sich in restlose Verblüffung verwandelte, als er von Egbert aufgefordert wurde, einen Teil der übergeflossenen Sahne aufzulecken. Don Tarquino war es gewohnt, in seinem Leben die verschiedensten Rollen spielen zu müssen – aber die eines Aufwischlappens gehörte keinesfalls dazu.

»Bist du nicht auch der Ansicht, daß wir uns ziemlich töricht benehmen?« fragte Egbert ungezwungen.

Möglicherweise war Lady Anne seiner Ansicht – zugeben tat sie es jedenfalls nicht.

»Ich gestehe, daß die Schuld zu einem Teil bei mir liegt«, fuhr Egbert mit einer Heiterkeit fort, die ihre Wirkung verfehlte. »Schließlich bin ich auch nur ein Mensch, nicht wahr? Das scheinst du ganz vergessen zu haben!«

Auf dieser Feststellung beharrte er, als bestünde die unbegründete Vermutung, daß er ein Satyr sei – mit den Merkmalen eines Ziegenbockes dort, wo das Menschliche aufhört.

Der Dompfaff empfahl sich weiterhin mit seiner Arie aus »Iphigenie auf Tauris«. Egbert wurde von einem Gefühl der Niedergeschlagenheit übermannt. Lady Anne rührte nicht einmal ihre Tasse Tee an; vielleicht fühlte sie sich unwohl? In diesem Fall war es jedoch ungewöhnlich, daß sie sich darüber ausschwieg. »Kein Mensch weiß, wie sehr ich unter Magenverstimmungen leide«, war eine ihrer beliebten Feststellungen. Das mangelnde Wissen der anderen konnte jedoch in diesem Punkt nur auf ungenaues Zuhören zurückzuführen sein, denn die Fülle der Mitteilungen hätte ausgereicht, um eine Monographie zu schreiben.

Offensichtlich fühlte Lady Anne sich also nicht unwohl.

Egbert hatte die Empfindung, unbillig behandelt zu werden. Aus diesem Grunde war er selbstverständlich bereit, Zugeständnisse zu machen.

»Ich gebe zu«, bemerkte er, stand bei diesen Worten auf und stellte sich, soweit Don Tarquino es zuließ, auf den Mittelpunkt des Persers, »ich gebe zu, daß man mir die Schuld zuschieben kann. Und ich bin bereit, ab sofort den Vorsatz zu einem besseren Leben zu fassen – sofern sich die Dinge dadurch bessern lassen.«

Er überlegte bereits, wie sich dieser Vorsatz verwirklichen ließe. Da er die erste Lebenshälfte bereits hinter sich hatte, traten Versuchungen nur noch in Andeutungen und ohne Nachdruck an ihn heran – ähnlich wie bei jenem zu kurz gekommenen Schlächterjungen, der im Februar nur aus dem Grunde nach seinem Weihnachtsgeschenk fragt, weil er es im Dezember nicht bekommen hat. Die Vorstellung, daß er ihnen erliegen könne, war ihm genauso unvorstellbar wie der Gedanke, die Fischbestecke und Pelzstolen zu kaufen, zu deren Opferung manche Dame im Laufe der zwölf Monate eines Jahres gezwungen ist und zu deren Durchführung sie sich einer Zeitungsannonce bedient. Dennoch lag über Egbert ein Hauch des Eindrucksvollen, ausgelöst durch den freiwilligen Verzicht auf jene ungeheuren Möglichkeiten, die vielleicht noch seiner harrten.

Durch keine Andeutung gab Lady Anne zu verstehen, in irgendeiner Form davon beeindruckt zu sein.

Nervös blickte Egbert sie durch seinen Kneifer hindurch an. Daß er ihr gegenüber durch schlechte Argumente im Nachteil war, bedeutete für ihn keine Überraschung; daß er jedoch einen Monolog halten mußte, war für ihn genauso neu wie demütigend.

»Ich werde mich jetzt zum Abendessen umziehen«, verkündete er, und in seiner Stimme schwang die Andeutung seines festen Entschlusses mit, nicht zu Kreuze zu kriechen.

An der Tür überkam ihn zum letztenmal seine Schwäche, so daß er noch einen Versuch machte.

»Eigentlich benehmen wir uns ziemlich albern, nicht wahr?«

»Dummkopf!« lautete Don Tarquinos unausgesprochener Kommentar, als die Tür sich hinter Egbert schloß. Dann stellte er sich auf seine Sammetpfoten und sprang leichtfüßig auf das Bücherregal, direkt unter den Käfig des Dompfaffs; zum erstenmal schien er die Anwesenheit des Vogels bemerkt zu haben. Dann aber führte er mit der Präzision gereifter Überlegung das aus, was er sich seit langem schon vorgenommen hatte. Der Dompfaff, der sich immer als Despot gefühlt hatte, war plötzlich auf ein Drittel seines sonstigen Umfangs zusammengeschrumpft; gleich darauf verfiel er in hilfloses Flügelschlagen und entsetztes Kreischen. Ohne das Vogelbauer hatte er siebenundzwanzig Shillings gekostet – aber Lady Anne rührte sich nicht, um einzugreifen. Sie war seit zwei Stunden tot.

Konstantin Wecker
WARUM SIE GEHT

Und das Häuschen steht ganz malerisch am Waldrand,
und den Garten schmückt ein Blumenbeet,
da ist ein Hund und eine Schaukel,
da blüht der Flieder (wenn es Mai ist),
und er versteht es einfach nicht,
warum sie geht.

Er hat doch immerhin die ganze Zeit geschuftet,
und ihretwegen hält er jetzt sogar Diät,
und plötzlich packt sie ihre Koffer,
unten wartet wer im Auto,
und er versteht es einfach nicht,
warum sie geht.

Na gut, er hat schon mal den Hochzeitstag vergessen
und ihr auch ab und zu mal eine eingeschenkt,
doch immerhin: Sie hat von seinem Tisch gegessen!
Und irgendwie hat sich das immer wieder eingerenkt.

Doch im Auto sind die Koffer schon gestapelt,
und auf einmal wird das alles so konkret.
Auch der Flieder denkt ans Blühen,
und wie flüchtig so ein Mai ist,
nur dem Hund ists scheißegal,
warum sie geht.

Und sie lächelt so ein unbekanntes Lächeln,
eins, das endlich mal für sich alleine steht,
das ihn lähmt und das ihm weh tut,
das ihn abhält, sie zu halten –
und er versteht auch jetzt noch nicht,
worums ihr geht.

Und das Häuschen steht ganz malerisch am Waldrand,
und den Garten schmückt ein Blumenbeet,
da ist ein Hund und eine Schaukel,
da blüht der Flieder (wenn es Mai ist),
und der versteht es ganz genau,
warum sie geht.

Konstantin Wecker
UNORDENTLICHE ELEGIE VI

Innenschau und die Unschuld wiederfinden,
mit den Tieren sprechen und den Bäumen,
wandelbar sein, verwundbar,
und ans Weiter glauben.
Alle sind mündig,
und die Unschuld ist niemands Privileg.

Innenschau und die Liebe befreien,
ab und zu ein Goethegedicht in die Hand nehmen,
Idyllen meiden.

Ausbreiten,
mit lieben Menschen lange zu Abend essen,
wenns geht, in Italien, Herbst oder Frühjahr,
und sich einfach mal öfters anlangen.

Innenschau und Exhibitionismus,
durchs Land ziehen, aufpassen, wiedergeben,
mehr weiß ich im Moment nicht zu tun.
Hoff auf erweiterte Ausdrucksformen,
wünsch meinen Eltern ein endlos langes Leben,
versuch meinen Schwanz endlich an mich zu gewöhnen,
find trotzdem nach wie vor sehr junge Mädchen sehr
erregend,
bedank mich bei meinen Lieben fürs Mitmachen,
hab furchtbare Angst vorm Sterben
und will später unbedingt mal ein Engel werden.
Parteibuch hab ich keins,
und ab und zu im Winter
leg ich mich auf die Sonnenbank,
aus lauter Eitelkeit.

TERRY SOUTHERN, MASON HOFFENBERG
CANDY

Der nächste Tag war ein Sonnabend. Candy hatte keine Vorlesungen und erhob sich erst gegen zehn Uhr. Als sie herunterkam, war Mr. Christian, wie gewöhnlich am Samstagmorgen, bereits in seinem Büro, um »dies und jenes zu erledigen, was sich angesammelt hatte«.

Candy genoß es immer, ihr Frühstück allein einzunehmen; sie konnte dann ihren Kaffee trinken, ohne durch die finsteren Blicke ihres Vaters und dessen Sticheleien gestört zu werden, wie zum Beispiel, daß »für ein heranwachsendes junges Mädchen Kakao das Beste« sei. An diesem Morgen trank sie zwei Tassen und sah von Zeit zu Zeit unruhig vom Frühstückstisch durchs Fenster in den sonnigen Garten hinaus – denn heute war der Tag, an dem Emanuel zum Mähen kam. Sie hatte ihren Entschluß gefaßt.

Nachdem sie mit Kaffee und Toast fertig war (sie sagte sich, sie sei viel zu aufgeregt, um mehr zu sich nehmen zu können), ging sie wieder hinauf, badete, zog danach eines ihrer hübschesten Sommerkleider an und betupfte sich diskret mit ihrem Lieblingsparfum ›Tabu‹. Dann lief sie die Treppe hinunter und zur Hintertür hinaus.

Candy entdeckte Emanuel neben einem der Blumenbeete an der Seitenwand des Hauses; er kniete am Boden und grub mit einem kleinen Spaten in der Erde. Wie mager und blaß er in seinen ärmlichen Kleidern aussah. Oh, dachte Candy, er braucht mich *so* sehr!

»Hallo!« sagte sie munter.

Emanuel sah einigermaßen überrascht auf.

»Ha«, sagte er. Er beherrschte die Landessprache kaum.

»Das ist sicher nicht besonders lustig«, sagte Candy, auf seine Arbeit anspielend.

»Was?«

Er blickte sie von unten herauf finster an. Sooft sie sich mit ihm unterhielt, dachte er, sie sei die doofste Nuß, die ihm je begegnet war.

»Wollen Sie nicht hereinkommen und irgend etwas Kaltes trinken?« fragte Candy und ließ ihre weißen Zähne und die feuchte, rosige Zunge in einem silberhellen Lachen sehen.

»Ich denk, daß Mr. Christian das nicht mögen«, sagte der Gärtner, als er endlich begriffen hatte, worum es ging.

»Zum Kuckuck, immer dieser Daddy«, sagte Candy. »Ich kann ja doch wohl bei mir zu Hause gelegentlich

Freunde bewirten, ohne daß *er* einen Wirbel veranstaltet!« Doch sie wußte natürlich, daß er recht hatte, und so wurde nach einer Reihe von Wiederholungen und pantomimischen Gesten beschlossen, daß der Gärtner in die Garage vorausgehen und Candy mit den Drinks nachkommen sollte.

Als sie in die Garage kam, fand sie ihn wiederum kniend vor; dieses Mal schärfte er die Messer des Rasenmähers.

»Wie selbstlos und fleißig Sie doch sind!« sagte Candy mit einem strahlenden Lächeln. »Aber ich finde, Sie sollten sich an einem so schönen Tag etwas Besseres vornehmen!«

»Was?«

Sie reichte ihm das Glas, wobei sie sehr nahe an ihn herantrat, so daß er ihre Wärme spüren und das süße Parfum riechen mußte.

»Es ist ein Schluck Sherry«, sagte sie und deutete auf eine Kiste als Sitzgelegenheit, »ich denke, er wird Ihnen munden.«

»Was?«

Als sie saßen und er bedächtig einen Schluck Wein genommen hatte, ging dem Gärtner offenbar zum erstenmal auf, welches Angebot ihm hier gemacht wurde.

»Gut!« sagte er und lächelte breit auf das Glas hinunter.

»Ja«, sagte Candy, »ich finde, Sherry hat's in sich. Anders als Tee, der bestenfalls ein Gesudel ist. Finden Sie nicht auch?«

»Was?«

»Und nun«, sagte sie hastig, denn trotz ihrer scheinbaren Gelassenheit war sie sehr aufgeregt, »erzählen Sie mir von sich, von Ihren Plänen und Hoffnungen, von dem, was Ihnen im Leben wichtig erscheint – erzählen Sie mir alles über sich selbst.«

»Was?«

»Ach, Emanuel«, sagte Candy mit einem leichten Seufzer und nunmehr umflorten Blick, »Sie haben es hier sehr schwer, nicht wahr?«

Sie legte ihre Hand auf seinen Arm, schloß die Augen und beugte sich vor, als wolle sie ihn durch ihr Verständnis trösten – und spürte mit einiger Befriedigung, daß ihre Brust seinen Oberarm berührte. Sie war durchaus darauf gefaßt, stürmisch geküßt zu werden; als dieses jedoch nicht eintrat, öffnete sie die Augen und sah, wie der Gärtner sie sonderbar und mißtrauisch anstarrte. Einen Augenblick lang war sie völlig verwirrt, überspielte das jedoch, indem sie sagte:

»Emanuel, sieh mich *an*. Und hör mir zu«, setzte sie in ernstem Ton fort und ergriff seine Hand. »Ich weiß, du denkst, daß Daddy – Mr. Christian – dich nicht mag. Aber du sollst wissen, daß wir nicht alle so sind, ich meine, daß nicht *alle* Menschen so sind! Verstehst du? Nichts gleicht in seiner Schönheit dem menschlichen Antlitz.« Sie wirkte nun sehr ernst, fast einschüchternd, und der Gärtner sah sie mit großen Augen an.

»Du weißt, nicht wahr«, fuhr das Mädchen, nun leiser, fort, »daß *ich* nicht so bin – daß ich dich *sehr* gern habe.« Wieder neigte sie sich mit geschlossenen Augen seinem Gesicht zu, fand endlich seinen Mund, küßte ihn eingehend und stieß dabei die beiden Sherrygläser um. Candy war drauf und dran, ihm zu sagen, er solle sich nichts daraus machen, das seien ja bloß tote Gegenstände ohne jede Bedeutung, doch das war nicht mehr vonnöten, denn nach einem wimmernden Laut des Erstaunens preßte der Gärtner seinen Mund auf den ihren und langte ihr in den Ausschnitt, während seine andere Hand bereits zwischen ihren Beinen verschwunden war.

»Oh, mein Engel, du brauchst mich so sehr, du brauchst mich ja so sehr!«

Doch nun geschah alles viel rascher, als das Mädchen vorausgesehen hatte, und sie bekam es wirklich mit der

Angst zu tun, als er mit beachtlicher Eile versuchte, ihr das weiße Unterhöschen herunterzureißen.

»Oh, mein Engel, nicht hier, nicht jetzt, das dürfen wir nicht«, und sie machte sich mit einem Ruck los und lief auf die Garagentür zu. Er folgte ihr und erneuerte seinen Angriff, so daß das Mädchen ins Freie stürzte und die Balgerei sich noch ein ganzes Stück in den Garten hinein fortsetzte.

Endlich, nahe den Rhododendren, gelang es ihr, ihn zu beruhigen.

»Heute nacht«, verhieß sie ihm flüsternd. »Komm um Mitternacht zu mir«, und sie deutete auf ihr Schlafzimmerfenster, das direkt über ihnen lag. »Oh, ich weiß, *wie* du mich brauchst, mein Engel«, sagte sie und preßte ihr Becken an sein Bein, »und ich möchte so sehr, daß es wirklich *schön* wird. Komm um Mitternacht in mein Schlafzimmer.« Eine Hand nach ihm ausstreckend, stahl sie sich davon und verschwand durch die Hintertür – woran sie gut tat, da Daddy Christians großer Plymouth in diesem Augenblick die Auffahrt heraufkam.

Am Abend, bei Tisch, fragte Mr. Christian mit heftig gerunzelter Stirn, während er seine Serviette entfaltete:

»Wie war's heute?«

»Soso-lala«, sagte Candy, stocherte im Pfirsichsalat mit Quark auf ihrem Teller herum und wich dem Blick ihres Vaters aus.

»Es ist doch nicht irgendwas los?«

»Aber nein«, sagte das Mädchen lässig, »nichts, gar nichts.«

»Hm.« Er räusperte sich. »Tante Ida möchte gern, daß wir am Sonntag, also morgen, zum Essen zu ihr kommen.« Candy aß schweigend weiter.

»Ich weiß nicht, ob wir gehen sollen oder nicht«, sagte ihr Vater mit erzwungener Ruhe. »Ich meine, es hat nicht viel Sinn, wenn du weiterhin vorhast, einen Flunsch zu ziehen.«

Sie starrte ihn wütend an, indes er sich räusperte und sich nun, da er ihren Zorn entfacht hatte, wohler zu fühlen schien.

»Ich will damit sagen«, fuhr er fort, »wenn du eine deiner *Launen* hast, dann wollen wir Tante Ida und die anderen nicht damit behelligen, nicht wahr? Das hätte nicht viel Sinn, oder?«

»Was mich angeht«, antwortete Candy scharf, »so hat *nichts* sehr viel Sinn, was ich hier tue oder lasse!« Und sie sprang auf und verließ das Zimmer.

Mr. Christian gab den üblichen Verzweiflungsseufzer von sich und beschäftigte sich weiter mit seinem Pfirsichsalat. Er konnte zwar nicht verhindern, daß die Gabel in seiner Hand ein wenig zitterte, schaffte es aber doch mit einiger Mühe, sich dieselbe nicht unversehens in die Brust zu stoßen.

INGEBORG DREWITZ
FINALE

Brauner Abend hinter der gläsernen Bahnhofshalle. Noch keine Sterne. Nachher wird der große Wagen deichselabwärts auf die Stadt zusteuern – Februar – wird nie ankommen. Nie. Wird die Deichsel wieder heben, davonfahren, ruhig, gleichmütig. Wird davonfahren.

Auf den großen Bahnhöfen in den Städten kommen die Züge alle an, fahrplanmäßig, auf dem vorbestimmten Gleis. Gesichter und Koffer und Reisetaschen, Begrüßungsslogans: »Wie gut du aussiehst! Immer jünger!« »Jetzt gehn wir erst mal einen kippen!« »Gib dein Gepäck her, Donnerwetter, hast du Steine drin!« Blanke Gesichter und blanke Koffer. Dazwischen die Leisen, die Grauen, die niemand erwartet.

Gestoßen und lärmtaub, die Bahnsteigkarte zerknüllt in den Fingern: Einer. Wartet. Wartet immer wieder. Hat noch den samtenen Abschied auf der Hand. Sonnengeflimmer. Abends schon im Radio: Schweres Zugunglück, dreiunddreißig Tote. Seitdem fahren alle Züge, alle Wagen an ihm vorbei.

Nur die Deichsel, februarnachts, erdwärts gerichtet – nein, er hofft nicht, hat sich leergehofft, knüllt die Bahnsteigkarte in der Hand, ein alter Mann, rotgeäderte Augen, Alkoholatem, nur die Stirn noch unverändert. – Dörflicher Wartesaal, spiegelnde Theken, dreiunddreißig Bahren mit schmuddligen Decken, seitdem sieht er sich so, spiegelnde Theken immer wieder. Wartesäle, Bahnsteigkarten, einfahrende Züge auf vorbestimmtem Gleis, Umarmungen rechts und links, blanke Gesichter und Koffer.

Niemand, der ihn umarmt.

Er wird februarnachts unter dem Himmelswagen hin zu seiner Wohnung zurückkehren, zu ihrer Wohnung – Vasen und Schalen stehen noch nach dem Willen ihrer Hände, blumenleer, trostlos. Aber in der Rocktasche die kühle, dämmerbraune Flasche, im Zugriff umschlossen. Papier auf dem Schreibtisch, der Lichtkreis der Lampe fahl weiß, bis die Schatten sich dehnen, schreckweite Gesichter, Barbara unter der Decke, hat noch das Seidentuch, locker geschlungen, sein Abschiedsgeschenk für zwei Wochen – Barbara hatte zur Mutter fahren wollen für zwei Wochen –, Schluchzen im Wartesaal, auf Barbaras Lippen Tropfen schwarzen Blutes, sein Stift wird über das Papier hinflüstern. Die linke Hand wird die Flasche umklammern, Barbara wird die Augen aufschlagen, lächeln, sich hochsetzen, von der Bahre aufstehen, langbeinig und mit tänzelnden Hüften, ›komm!‹ wird sie sagen, ihn bei den Händen nehmen, blindlings wird er taumeln, ins hohe Gras sinken, silberstaubende Rispen, grüngoldene Käfer, Seidenhaar, Mohnlippen und Sommergras, schnellwelkender Mohn... Dann wird ihm der Stift aus der Hand fallen, er wird singen, heiser und betrunken, jede Nacht singt er, greift um sich, tanzt, tanzt den Schattenkobolden seiner Hände an den Zimmerwänden nach, tanzt, singt, greift, greift sie nicht.

Wund nach Wärme, Muscheltier mit zertrümmerten Schalen, Mohnlippen verblaßt, Blütenstaub mehlig, grüngoldene Käfer drahtbeinig und mit gierigen Zangen und Augen kriechen über die Haut, saugen sich in die Wunden, sechsfüßig... Morgens der schmerzende Kopf. Hinter den Fenstern Amseln, Spatzen, Straßenbahngesinge – jenseits wie die Zeichen auf dem Papier. Die Haut wattig und fremd im Spiegel, geäderte Augen, das alternde Gesicht. Wie lange schon? Wie lange noch? Er wird die Rasur scharf ansetzen, ein gerader Saum über die Schläfen hin: Das ist mein Gesicht. Dein Gesicht? Wird sich bitteren starken Kaffee bereiten, körniges schwarzes Brot und Rauchfleisch essen, sich sättigen. Sich? Wen? Wer bist du denn? Leib, der Hunger hat? Name in der Zeitung manchmal? Oder die Verse, Wörter, Buchstaben? Druckerschwärze. Barbara heißen viele. Nichts von dem Hauch ihrer Stimme. Und immer mittags dreizehn Uhr neun das Anrollen des Zuges, Gleis 12. Wo er auch ist: in der Redaktion, im Funkhaus, am Schreibtisch, im Park. Dreizehn Uhr neun, Zusammenzucken. Er hört es, wie man das eigene Blut hört, stoßend. Barbara winkt ihm. ›Komm zum Bahnhof in zwei Wochen!‹ winkt sie. ›Erwarte mich!‹

Erwarte...

Und er bereitet sich vor: Ein sauberes Hemd, die Krawatte und geht mit schwingenden Schritten, die Häuser schwingen, die Sonnenstrahlen. Daß er nur pünktlich am Bahnhof ist! Gesichter lächeln ihm zu hinter den Fenstern der Cafés und der Straßenbahnen, Gesichter in Limousinen, wenn die Ampel schon rot zeigt und er noch vorübergeht, lächeln in der Milchbar am Hauptbahnhof, am Zeitungsstand, und der im Schalterhaus, der nickt, wenn er die Bahnsteigkarte knipst, und sieht ihm hinterher: ›Warum der keine Blumen hat?‹ Er geht den Bahnsteig auf und ab, kennt die Signale schon, hört die Ansagen. Bis der Zug einfährt, jeden Tag, fahrplanmäßig, mit dem Barbara einmal hat zurückkommen wollen.

Lärmtaub noch, die Bahnsteigkarte zerknüllt in der Hand ist einer zurückgeblieben. Der Gepäckkarren surrt längst über den Nebenbahnsteig, der mit Coca-Cola und den heißen Würstchen ruft von weither seine magischrhythmischen Formeln: »Còca, còla, hèiße Würstchen, Còca, còla –.« Trillerpfeifen und der Aufschrei einer Lokomotive, die Dampf abläßt.

Und er geht vorbei an dem im Schalterhaus, vorbei an denen in der Milchbar und am Zeitungsstand über den Bahnhofsvorplatz, biegt links ein, Bahnhofsdestille, stößt die Schwapptür auf, kennt schon den Rhythmus jedentags. Magischer Rhythmus. Die Schwapptür reißt Fetzen in den Tabaksdunst. Der an der Theke weiß Bescheid, wischt die Flasche mit dem Handtuch, schiebt sie herüber, braune Flasche, kaltes Glas, purer Schnaps. Er zahlt, stopft die Flasche in die Rocktasche. Ein Gesicht hat ihn gefaßt. Zwei, drei Gesichter, Augen haften an seinem Rücken, sechs glühende Augen.

1. Mädchen
Was sucht der Mann in dieser Kaschemme? Der ist ein andrer als die Verladearbeiter hier. Sieht aus, als hätte er Geld. Hat lange keine Frau gehabt. Schöner Mensch! Was Geistiges! Die Stirn! Sieht aber niemand. Hat wohl Trauer. Nein, helle Krawatte, frech geschlungen. So einer ist das! Endlich mal so einer! Gehört in die Dschungelbar, wo die vom Film sind und so die Sorte. Lippen nachziehen! Dunklen Stift. Lieben die mehr als das Grelle.

2. Mädchen:

Mein Gott, ich hatte nie einen Vater! Daß mir das jetzt einfallen muß! Vielleicht, weil der Mann aussieht wie Herr Jesus im Ährenfeld, Großmutter hat das Bild in der guten Stube, aber nein, so sieht er nicht aus, nicht nur wegen der kurzgeschorenen Haare nicht! Die Hände, die sind anders, die halten die Flasche, wie die Lahmen ihre Krücke halten, so fest und doch so hoffnungslos dabei! Die müßte ihm jemand streicheln, die Hände! Warum habe ich nur so ein billiges Musselinfähnchen an? So wird er auch wieder Olga ansehen wie alle, weil sie rothaarig ist und wegen der blanken Seidenbluse. Sie wird nicht nur seine Hände streicheln, sie ist grob, sie ist widerlich, wie die andern Männer das wollen. Er wird Olga ansehen. Ich glaube, ich halte das nicht mehr aus hier, dieser Tabaksqualm, diese Schnapsprahlerei, keiner, der Hände hat, alles Pranken. Vierfüßler, Rock hoch! Ich ekle mich so, ich glaube, ich halte das nicht mehr aus hier. Mein Gott, als ich zehn war, bin ich zur Kommunion gegangen. Das schöne weiße Brautkleid – ausgewachsen. Jetzt geht meine Schwester zur Kommunion, und mein Bräutigam sieht Olga an, nein, nein – ich – komme. Ich komme. Den Mantel zieh ich nicht an, das ist Mutters alter, viel zu weit für mich obenherum. Ich komme. Ich –

3. Mädchen:

Mariannchen spinnt wohl'n bißchen. Wird sich 'ne Lungenentzündung holen, die Kleine, so ohne Mantel. Ist doch noch Winter. Hat aber 'n richtigen Riecher. Olga kocht schon über. Die roten Flecken im Ausschnitt, immer wenn sie Wut hat. Mich interessiert der Mensch eigentlich nicht, aber ich werde mal gehen auf Mariannchen aufpassen, weil Olga schon den Pelz nimmt, Kaninchen, und die Handtasche; die ist so groß, daß ich immer fürchte, sie hat was drin. Rothaarige ...?

Trübes Licht schwappt auf das Pflaster. Die linke Hand schließt sich um den Flaschenhals. Nachher im Zimmer der Lichtkreis der Lampe auf dem Papier, der erste, der zweite Schluck, die Haut engt nicht mehr ein, ich oder er oder wer, das wird ganz unbedeutend, nachher wird sich Barbara wieder aufsetzen, lächeln, durchs Zimmer gehen, da sein, nicht sichtbar und sichtbarer doch, als er sie je gesehen hat. Barbara, die Fremde, Fagottklang ihres Namens, kühler, dunkelbrauner Name – der Himmelswagen, erdwärts gerichtet, fährt immer vorbei. Aber sie ist da, überall. Rechts von ihm, links von ihm, Schritte ticken und hacken, ein kalter, nackter Arm streift ihn, kuschelt sich in seine Achselhöhle, gewiß, es war Sommer, als sie reiste, und den Mantel hatte sie wohl abgelegt, aber dieses Sich-ankuscheln? Nein. Er erschrickt.

Neben ihm im trüben Seitenstraßenlicht hochbrüstige Schatten. Feuchter süßer Geruch von Lippenstift und Puder. Barbara? Er greift. Greift kindliche Brüste, heiße Haut, Pelz und blanke Kunstseide, grobes Manteltuch.

»Kommt! Kommt! Kommt!«

Er rudert mit den Armen, rudert an gegen Gesichter, Mäntel, Arme, Haut, gewinnt Vorsprung, faßt nach der Flasche, richtet sich auf. Hinter ihm ticken und hacken die Schritte: »Wende dich um! Wende dich um!«

»Geschmeiß!«

Und wieder das Kuscheln, zitterndes, frierendes Kind. Sein rechter Arm beutelt unwillkürlich die Jacke um das Geschöpf, ratscht sich an einem Armreif.

»Nehmen Sie mich mit! Bitte!«

Hinter ihnen Rufe: »Spinnst wohl, Mariannchen!«

»Dir werd ich's heimleuchten, magere Hexe!«

Zerren von rücklings, Glasperlengeklirr. Das Gekuschel gleitet an ihm ab, er greift noch, greift nichts mehr. Nur die Flasche stößt gegen den Hüftknochen. Er wendet sich nicht, tritt hart aufs Pflaster, sein Schatten schrumpft und wächst von Laterne zu Laterne. Hecheln bleibt zurück, Weibergekeif, c, cis, c, cis, zweigestrichen. Fenster werden aufgestoßen.

Er wendet sich nicht um, schüttelt sich, geht, schüttelt sich wieder, ehe er in die hellerleuchtete Vorfahrtsstraße einbiegt. Geschmeiß! Haftet an einem wie Straßenkot, den man mitschleppt in seine gewohnte Ordnung. Er lehnt sich – entkommen – an eine Hausmauer, zwingt sich ins Gleichmaß des Atmens. Zwingt sich zu denken: Geschmeiß! Straßenkot! Und greift doch um sich, greift nichts, schaudert, losgelöst von seinem Willen. Überzählige Hände taugen zu nichts, als die Flasche zu halten. Er schämt sich.

Lacht über seine Hast, zu entkommen, in seine Ordnung zu entkommen. Was ist denn seine Ordnung?

Er schämt sich, nimmt die Flasche beim Hals und zerschlägt sie an der Hauswand, geht zur Ecke zurück, wo die dunkle Straße einmündet, horcht auf das Weibergekeif, sieht die vielen dunklen Köpfe in den gelblichfaden Fensterviereckchen. Scheinwerfer reißen das Dunkel auf, Alarmsirenen. Er rennt jetzt, jagt. Sein Schatten wächst und schrumpft und wächst und schrumpft von Laterne zu Laterne, er beachtet es nicht, rennt, keucht, jagt vor den Scheinwerfern auf das Knäuel aus Kaninchenpelz, Dauerwellen und grobem Manteltuch zu und reißt das kindliche Mädchen an sich, ehe das Polizeiauto an den Bordstein fährt, legt seine Jacke um das Zittern und Frösteln, fühlt, wie es sich in die Jacke schmiegt. Die Neugierigen stieben auseinander, als der Polizist die Wagentür aufstößt. Die Neugierigen und die anderen.

Er steht allein mit dem Mädchen, nur in den Fenstern sind noch dunkle Köpfe.

»Wir wurden angefallen. Das ist meine Tochter. Ich hatte den Beamten von der Kreuzung herholen wollen.«

Keiner, der ihm seine Lüge widerlegt.

»Um die Zeit ist da keiner mehr.« Der Polizist grinst. »Hier muß man schon selber Polizei sein, schlechte Gegend für Abendspaziergänge!« Die Autotür klappt wieder zu, der Fahrer kuppelt aus, der Wagen heult davon.

Sie gehen auf die helle Vorfahrtsstraße zu, der unförmige Schatten wächst und schrumpft von Laterne zu Laterne, vierfüßig, hinkend. Im chlorigen Licht sieht er das zerrissene Kleid über ihrer Schulter. »Meine Tochter!« hat er gesagt. »Meine Tochter!«

Sie ist in sich zusammengekrochen unter seiner Jacke. Vielleicht fürchtet sie sich. Vielleicht ist sie auch verletzt. Was geht sie ihn eigentlich an?

Sie hat seine Gedanken gespürt, schreckt zusammen. »Entschuldigen Sie, ich – ich –«, sie windet sich aus der umhüllenden Jacke, »– ich hatte ihnen keine Ungelegenheiten machen wollen.«

Er hält sie am Handgelenk, als sie sich entfernen will, sieht ihren dünnen Hals unter dem gekrausten Haar.

Meine Tochter hat er gesagt. Fast lacht er auf. Barbaras Tochter hätte nicht so häßlich gekraustes Haar. Barbaras Tochter ... Er hatte auf ein Mädchen gehofft, als Barbara schwanger geworden war. Sie hatte sich natürlich einen Jungen gewünscht wie alle Frauen. Das Lachen erstickt.

»Kommen Sie«, sagt er hart.

Das Mädchen fragt nicht. Das Mädchen geht ängstlich und zaudernd, läuft manchmal ein paar Schritte, um neben ihm zu bleiben.

In der Wohnung schaltet er alle Lampen an. Er wundert sich, daß sie noch in Ordnung sind. Dem Mädchen weist er das Badezimmer und Handtuch und Seife. In der Küche setzt er Teewasser auf, schüttet Hartbrot in den Korb, schneidet ein paar Scheiben Käse, sucht nach der Zuckerdose, sicher trinkt sie Tee mit Zucker, so verhungert wie sie aussieht! Er hat weder Butter, Margarine noch Schmalz im Hause und nicht einmal aufgewaschene Tassen im Schrank. Wenn Barbara das wüßte! Er will nicht mehr daran denken. Barbara ist tot, seitdem hat kein Mensch außer ihm selber die Wohnung betreten. Sicher sind die Ecken staubig und voller Spinnenweben, er kann es nicht ändern. Das Mädchen kommt aus der Badestube jetzt, der Riß im Kleid ist sorgfältig gesteckt, das Haar scheint gar nicht so künstlich gekraust.

»Wir essen zusammen«, sagt er und balanciert das Tablett vor sich her.

»Bitte, ich kann doch aufdecken!« Sie hat die Arme gewinkelt, um das Tablett zu übernehmen. Als er die Teekanne ins Zimmer bringt, hat sie eine Serviette diagonal auf die Tischplatte und unter das Geschirr gelegt.

Beinahe wie Barbara! denkt er. Aber das können wohl alle Frauen: Mit ein paar Handgriffen Behagen schaffen.

»Setzen Sie sich auf den Hocker!«
Sie gehorcht.
»Langen Sie zu, mehr habe ich nicht im Haus.«
»Das ist ja Schweizer Käse, der ist doch so teuer«, sagt sie.

»Ich esse nicht warm«, erklärt er, sieht, wie sie in das Brot beißt, daß sie hungrig ist, sich aber besinnt und langsam kaut.

Sechzehn wird sie vielleicht sein, schlecht ernährt, plombierte Schneidezähne.

»Niemals Kartoffeln?« fragt sie, »ja, wovon werden Sie denn da satt?« Das Brot kracht zwischen den Zähnen. Kein Spiel der Schatten in dem viel zu hellen Zimmer. Er hat zu antworten verlernt.

Sie sitzt krumm und verschüchtert auf dem Hocker.

Er sehnt sich zurück, nach gestern, vorgestern, nach Barbara, weiß es: Nie mehr wird sie sich aus dem Halbdämmer des Abends lösen, denn das Zimmer ist leer. Und das fremde Mädchen ängstet sich in der hellerleuchteten Leere. Er starrt sie trübselig und nüchtern an, elendes, vertanes Leben, kauert sie auf dem Hocker und wagt nicht, sich zu sättigen, wagt nicht, durchzuatmen.

Die Augen flackern, als er sie anpackt, graugrüne Begierde, die Lippen feuchten sich.

»Wovon leben Sie?«

»Ich – ich, ja, wollte etwas lernen, meine Mutter hat mich – nein, nein, ausgelacht nicht.« Weil er ihre Handgelenke gepackt hat, kann sie die Tränen nicht einmal verbergen.

»Wovon? Sie wissen es nicht?«

Er zwingt sich zu lachen, dann läßt er sie frei.

»Ich möchte jetzt gehen.«

Er sieht, daß sich die Härchen auf ihrem Arm sträuben.

»Draußen ist es kalt, und Ihre – Freundinnen werden Sie weiter prügeln wollen.«

»Ach die!« Sie drängt kopfschüttelnd zur Tür.

Er sieht Grübchen auf ihrem Gesicht zucken. Sicher wird sie mit den andern lachen, wie einer so unbeholfen sein kann, ›meine Tochter!‹ sagen und dann nichts. Nichts. Umständlich öffnet er das Sicherheitsschloß. Sie nimmt immer zwei Stufen treppab.

Er hätte ihr doch eine von Barbaras Jacken geben sollen!

Alle Lampen brennen in der Wohnung. Der Tee hat eine stumpfe Haut in den Tassen. Ein paar Krumen sind auf der Serviette, da, wo sie gesessen hat. Er schnippt sie nicht vom Tisch. Brotkrumen. Er hat ›meine Tochter‹ gesagt und weiß nicht, wovon die Menschen leben, muß es wohl vergessen haben.

Er trinkt den lauen Tee aus beiden Tassen.

Wovon so einer lebt! werden die Weiber kichern.

Er hat nicht einmal daran gedacht, dem Mädchen eine alte Jacke von Barbara zu geben, wo sicher schon Motten drin sind.

Alle Lampen in der Wohnung brennen die Nacht über. Ruhelos wandert er durch die Zimmer, als müsse er in einer Nacht die Leere ausmessen, in der die Fragen echolos verhallen.

TILMANN MOSER
WIE CHRISTOF, VRONI UND ANNETTE
DIE TRENNUNG DER ELTERN ERLEBEN

Annette denkt an den Tag, an dem der Möbelwagen kommt und Vatis Sachen mitnimmt

– Hallo, Kinder, ich bin auch noch da, Annette. Immer wenn Vroni und Christof zu euch reden, macht ihr so ernste Gesichter! Und bei mir lacht ihr meistens. Das ist nicht gut. Morgen kommen sie zurück, und Vati auch. Dann wird's turbulent, sagt Mami. Wißt ihr überhaupt, was das ist, turbulent? Na also. Paßt nur auf, ich erklär's euch. Turbulent ist, wenn alles durcheinanderhüpft und umeinanderpurzelt, so daß es ganz unruhig ist, und nichts ist mehr an seinem Platz. Wie in meiner Spielkiste, wenn sie umfällt. Oder halt wie im Kindergarten, wenn die Tante Marlies mal rausgeht und ein paar Kinder streiten und ein paar klettern auf die Tische und ein paar fangen an, mit dem Wasserhahn zu spielen. So schön wie die letzten Tage war es hier noch nie. Trotzdem bin ich froh, wenn sie wiederkommen. Wenn wir zwei Wohnungen haben, also, eine für uns und eine für Vati, dann wird es vielleicht auch besser, und trotzdem bin ich traurig. Vroni und Christof haben diese Woche nur an Mami geschrieben, nicht an mich. Es war auch keine Postkarte, sondern ein ganz langer Brief. Mami hat ihn ganz oft gelesen. Sie hat geweint und gelacht und sich gefreut. Aber es stand nichts Schimpfiges drin, wie in dem Brief von Vati, ihr wißt, den sie bei der Freundin gelesen hat, da hat sie gelacht und geweint *und* geschimpft. Und dann hat sie gesagt: ›Ach, Annette, was habe ich für großartige Kinder, lauter Goldschätze, aber komplizierte.‹ Und dann haben wir angefangen zu kochen. Sie hat nämlich eine Gans gemacht, und ich durfte die Äpfel und die Füllung der Gans in den Bauch stopfen. Es sind fünf Äpfel reingegangen. Und Mami hat den Bauch wieder zugenäht. Dann hat sie im ganzen Haus saubergemacht und Blumensträuße aufgestellt. Jetzt sieht alles sehr schön aus. Und Mamis Freundin ist auch da heute, aber leider nur heute. Mein Schulranzen ist auch schon gepackt. So einen großen Möbelwagen, wie wir für Vatis Sachen brauchen, habt ihr vielleicht noch nie gesehen. Aber vielleicht kommt er erst im Sommer. Man weiß es nicht. Man weiß auch noch nicht, welche Teppiche und Schränke er mitnimmt. Mami sagt zu der Freundin: ›Das gibt noch ein ziemliches Gezerre mit der Teilung.‹ Ich habe Angst, ob die sich an den Haaren reißen, wegen der Tassen und wegen den Teppichen. Das finde ich nicht gut. Oder ob sie einen Teppich auseinanderzerren. Ich muß immer viel denken und bleibe stecken. Gerlinde weiß auch nicht, was ein Gezerre ist. Sie ist wieder da. Ich auch. Jetzt gehe ich, glaube ich, ins Bett, freiwillig. Heute mache ich vielleicht kein Theater, obwohl ich aufgeregt bin. Vroni und Christof kommen so spät, daß es für mich zu spät ist. Aber selbst wenn das Licht aus ist, bleibe ich wach, bis ich sie höre. Wie ich das mache, bis zehn Uhr wachbleiben? Ihr wißt doch, daß ich bis achtunddreißig zählen kann. Das mache ich, das dauert lange, und dann rede ich einfach mit dem Teddy, dann ist es nicht so langweilig. Und dann rede ich noch mit Vati und sage: ›Lieber Vati, du kommst heute auch zurück, aber du schläfst wahrscheinlich nicht bei uns. Trotzdem bist du in der Stadt, und am Dienstag trinken wir vielleicht alle zusammen Kaffee, ich meine,

Tante Gerda, du und ich.‹ Mami hat, als ihr alle fort wart, nicht so oft gesagt, ich bin eine Nervensäge. Sie hat viel öfter gesagt: ›Du bist mein Schatz, und dich mag ich.‹ Das ist immer am schönsten, wenn sie das sagt.

Tante Gerda ist ganz toll, aber wenn sie sagt, daß ich aussehe wie das Christkind persönlich, ist es nicht so toll, und ein bißchen komisch, und außerdem sagt sie, ich bin drollig. Das mag ich nicht so gern. Wenn Mami sagt, ich bin ein Schatz, dann weiß ich ganz genau, was sie meint, weil sie mich kennt. Ich weiß auch, was sie meint, wenn ich eine Nervensäge bin, weil sie mich da auch kennt. Ich weiß nicht, ob die tolle Tante Gerda auch eine Nervensäge mag. Ich bin beides: ein Schatz und eine Säge. Tschüß, schlaft gut. Vielleicht bin ich noch wach um zehn, vielleicht auch nicht. Wenn Mami am Bett etwas singt, vergesse ich manchmal, wie es bei siebenundzwanzig weitergeht mit Zählen, und dann schlafe ich ein.

Vroni erzählt, wie Christof den Antwortbrief des Vaters liest, und wie erschüttert und glücklich er ist; außerdem stellt sie fest, wie sich im Leben der Mutter einiges ändert

– Liebe Freunde, ein paar Wochen sind vergangen, seit ich mit Christof in der Schweiz war. Ach, es ist so viel passiert, daß ich euch nur das Wichtigste sagen kann. Es war wunderbar, die Tage mit Christof. Nur einmal hatten wir einen sehr sehr schlimmen Streit, als wir nämlich darüber sprachen, was wohl geschehen würde, wenn Vati plötzlich, weil die Gerda ein bißchen verknallt ist in Annette, sagen würde: sie soll zu ihm kommen, also bei denen wohnen. Uns ist auf einmal eingefallen, daß Annette für Vati sehr viel bedeutet, und daß das vielleicht das Schlimmste für ihn ist: sie bei Mami zu lassen. Selbst wenn Christof und ich zuerst einmal dort bleiben, könnten wir ihn besuchen und mit ihm reden. Wir können ihn besuchen, ohne daß uns jemand hinbringen muß. Bei Annette ist das ja anders. Wo sie wohnt, dort lebt sie auch, ganz fest, und entweder Vati muß sie holen, wenn er sie sehen will, oder Mami muß sie hinbringen, oder Gerda macht es. Alles ist gleich schwierig, weil es die Unruhe und den Streit zwischen den Eltern wieder hochbringt. Und Annette braucht es, einen ganz sicheren Halt zu haben bei einer Person. Christof war auf einmal unsicher, ob Vati nicht ein Recht hat, Annette mitzunehmen. Ich konnte schon das Wort nicht ausstehen, es ist das gleiche Wort wie für Möbel und Teppiche: mitnehmen. Und ich fand es unerträglich, auch für Annette, als ich merkte: über sie wird vielleicht einfach entschieden. Oder: wenn man sie fragen würde, also, wenn Vati locken würde, ihr ein schönes Zimmer in seiner neuen Wohnung versprechen würde, dann wäre sie wahnsinnig zerrissen. Sie würde ja verrückt, wenn sie entscheiden soll, wohin sie will. Ich dachte: niemals darf Vati Annette vor diese Entscheidung stellen, weil es für Annette dann so sein wird, daß sie entweder ihn oder Mami furchtbar enttäuschen und verraten muß. Und das hält sie nicht aus. Stellt euch doch vor, sie sagt: ›Ja, Vati, ich will mit dir gehen‹, und dann sieht sie, wie Mami einen Heulanfall kriegt. Dann sagt sie: ›Mami, nein ich bleibe bei dir‹, und dann sieht sie, wie Vatis Gesicht finster und starr wird, weil sie doch grade das Gegenteil gesagt hat. Ich hatte immer so ein Bild vor mir, daß die an ihr reißen, und Annette schreit vor Schmerz, und die zerren weiter. Ich fühlte mich von Christof, mit dem ich mich so gut verstanden habe, völlig im Stich gelassen, weil er einfach sagte: ›Das wird sie schon überstehen, und sie gehört beiden Eltern gleich, und vielleicht ist es für Mami sogar leichter, sich auszubuddeln, wenn Annette weg ist.‹ Ich weiß nicht, ob ihr es verstehen könnt, aber ich bin so zu Tode erschrocken, weil ich dachte, es gibt zwischen Männern und Frauen oder zwischen Mädchen und Jungen vielleicht Unterschiede im Denken, die überhaupt nicht zu überbrücken sind, und die zu einer schlimmen Feindschaft führen können. In meiner Wut konnte ich mir vorstellen, daß ich Christof kaputtmachen könnte, nur damit seine Vorstellungen sich nicht durchsetzen können. Und er sagte auf einmal so gemeine Sachen gegen die Sentimentalität der Frauen, daß mir ganz schlecht wurde und ich dachte: ich werde mich nie einem Mann anvertrauen. Nach zwei Tagen war es dann wieder gut, und wir hatten eine sehr schöne Reise nach Hause.

Vati hat sich die ersten Tage gar nicht blicken lassen. Er hat tatsächlich eine Wohnung gefunden und läßt sie renovieren. Ich kann gar nicht hingehen. Annette ist manchmal dort, und Christof hat sie auch schon gesehen. Gott sei Dank gibt es keinen Streit um Annette. Vati und Mutti haben sich geeinigt, daß sie bei uns bleibt, aber daß es Besuchsmöglichkeiten gibt. Ich habe seit dem Streit mit Christof wohl ein paar Wochen in Angst gelebt, sie könnten um Annette streiten und beide versuchen, sie jeder auf seine Seite zu ziehen. Das darf man einfach nicht machen, und sie haben es auch nicht gemacht. Jetzt soll im Frühsommer der Umzug sein, genau steht der Zeitpunkt noch nicht fest. Vati ist selten da. Aber wir haben doch eine ganz gute Lösung gefunden, die zuerst komisch und verrückt schien und allen weh getan hat. Er kommt, wenn Mami nicht da ist, oder sie nimmt sich etwas vor, wenn er Zeit hat, uns zu besuchen. Aber wie es dann bei uns zuging, könnt ihr sicher nicht verstehen, wenn ihr nicht wißt, wie er auf Christofs Brief reagiert hat. Mami hat mich, als wir heimkamen, einfach in den Arm genommen und gesagt, sie sei so froh und stolz gewesen über das, was ich geschrieben habe, daß alle meine Angst weg war. Was in ihr so vorgeht, erzähle ich euch später. Weil wir ja zusammen waren, als Christof den Brief geschrieben hat an ihn, hat er auch gewartet, bis ich von Frau Severin zurück war, bevor er Vatis Brief an ihn geöffnet hat. Ihr könnt euch denken, mit welcher Aufregung wir in seinem Zimmer mit dem Kuvert dastanden. Es ging ja um sein Schicksal, und auch darum, ob es für alle eine friedliche Lösung gibt. Mir war wieder ein bißchen schwindelig, und Christof hatte Magenweh. Ich glaube, er hat versucht, sich auf das Schlimmste vorzubereiten: auf einen möglichen Bruch. So, wie ich Christof inzwischen kenne, hätte er, wenn Vati falsch reagiert hätte, vielleicht kein Wort mehr mit ihm gesprochen. Aber es kam ganz anders.

Es stand nicht viel drin in dem Brief. Er war mit Filzstift geschrieben, in großer, unsicherer Schrift. Und da stand:

Lieber Christof,
ich mag Dich sehr gerne, aber Du mußt Geduld mit mir haben.
Herzlich, Dein Papa.

Als Christof das gelesen hatte, ist er in den Knien eingeknickt und wäre fast hingefallen. Er hat sich an mir festgehalten und ist zur Couch geschwankt. Und dort hat er geweint, wie ich nie jemanden habe weinen sehen. Es hat ihn geschüttelt, und er hat geschrien vor Schmerz und vor Glück. Ich mußte mitheulen und saß eine halbe Stunde bei ihm. Es fing immer wieder an. Zwischendurch lachte er, dann heulte er wieder los, und dann sah er mich an durch alle die Tränen durch und sagte, er kann mich gar nicht klar erkennen, deshalb will er meine Hand nehmen. Es war, wie wenn man jemanden vor dem Ertrinken rettet, und er kann es noch gar nicht glauben, daß er gerettet ist. Auf einmal, als er ruhiger war, ist er eingeschlafen. Ich habe ihn zugedeckt, und als ich von meinem langen Spaziergang zurückkam, hat er immer noch geschlafen; als Mami mit Annette abends kam, auch noch, und erst am frühen Morgen habe ich ihn rumoren gehört. Er kam in mein Zimmer herüber und sagte, er fährt mit dem Rad weg, er geht heute nicht in die Schule. Ich soll Mami sagen, es sei ihm nicht gut, und er wolle allein sein und nachdenken. Und dann ist er weggefahren, obwohl es noch dunkel war. Bis am Abend haben wir nichts von ihm gehört und waren sehr besorgt, aber ich wußte ganz genau, daß er nichts Dummes macht, eher etwas Unerwartetes. Er ist an diesem Tag zweihundert Kilometer gefahren mit dem Rad und rief am Abend an, er sei bei Freunden in einer anderen Stadt, und er komme erst am Sonntag wieder. Als er wieder auftauchte, erzählte er mir, er habe zweimal mit Vati telefoniert, und die Gespräche seien gut gewesen. Er hat den Eindruck, daß Gerda eine wichtige Rolle spielt im Hintergrund, und ist ganz zufrieden damit.

Ja, und ich? Ich spiele wieder Klavier, besser als vor der langen Pause, nur mit der Geläufigkeit der Finger war es zuerst ein bißchen schlechter. Wenn ich mit Frau Severin sprechen will, rufe ich sie an, dafür nehme ich jetzt nicht mehr die Klavierstunde. Und nun kommt für mich das Wichtigste. Ratet mal was? Ihr wißt doch, daß Mami wieder anfing, französische Bücher zu lesen. Mich hatten nur die großen Lexika verwundert, weil sie ohne Wörterbuch lesen kann. Habt ihr's schon erraten? Sie übersetzt ein Buch, einen Roman, ins Deutsche! Als sie so heimlich dranging und sich gar nicht so gern erwischen ließ dabei, da machte sie's zur Probe. Sie mußte ein ganzes Kapitel abliefern, bevor sie den Auftrag bekam, mit schriftlichem Vertrag und einer Frist bis Herbst und einem ganz anständigen Honorar pro Seite. Wir haben ziemlich viel herumphantasiert, was wir machen mit dem Geld. Ich sage: wir, obwohl es ja Mamis Geld ist. Wißt ihr, warum ich trotzdem ›wir‹ sage? Ich sitze jetzt nämlich fast jeden Tag mit Mami zusammen, schlage die schwierigen Wörter nach, vergleiche Mamis deutschen Text mit dem französischen und bin ganz begeistert, wenn ich ihr einen Rat geben kann oder das richtige Wort erwische. Mein Französischlehrer hat gefragt, ob ich in Frankreich war in den Osterferien. Er merkt es also schon, daß da etwas läuft. Ich verrate aber nichts, obwohl ich mich richtig zusammennehmen muß, um nicht anzugeben mit unserer Übersetzung. Wahrscheinlich habt ihr euch auch schon gedacht, daß da Mamis Schulfreund dahintersteckt, der als Journalist in Frankreich lebt, nicht weit von Paris. Es kann sein, daß Mami ihn zu Pfingsten besucht, und es kann sogar sein, daß ich mitfahre, aber das ist noch offen, weil auch Vati etwas plant für Pfingsten. Ihr seht, es wuselt und blubbert und gurgelt in unserem Mustopf, das Leben ist aufregend, manchmal bedrückend, manchmal fällt uns allen die Decke auf den Kopf. Aber das Allerwichtigste ist, daß Mami doch nicht in den ganz großen Sumpf gefallen ist. Man kann sagen, es herrscht Waffenstillstand, sagt Christof, und im Untergrund bilden sich die neuen Koalitionen, und was ihm so alles einfällt an militärischen und politischen Vergleichen. Ein wenig blöde war es, als es in unserer Klasse herumging, ich meine, daß Vati auszieht. Ein paar aus der Klasse haben halt neugierige Fragen gestellt, oder auch freundliche. Ich weiß nicht, wie es bekanntgeworden ist. Ich hab gefürchtet, ich würde mich noch einmal schämen müssen wie verrückt, aber es ging. Frau Severin hat mich darauf vorbereitet. Stellt euch das mal vor. Sie sagte eines Tages: ›Wie wird das sein für dich in der Klasse oder sonstwo, wenn du darauf angesprochen wirst?‹

Zuerst war ich gleichgültig und dachte, das wird man sehen, aber dann habe ich gemerkt, als ich es mir genau vorstellte, daß es mich schon würgt im Hals und ich nicht einfach ruhig etwas sagen kann. Also gut, jetzt ist auch dies überstanden, und ich zittere nicht mehr, wenn jemand auf das Thema kommt.

Christof schreibt Vroni einen langen und ernsten Brief darüber, warum er nicht mit dem Vater und Gerda nach Finnland fährt, sondern lieber mit seinem Freund Georg in die Berge; und warum Georg erst jetzt für ihn ein richtiger Freund wird

Ende Juni

Liebe Vroni,
ich weiß nicht genau, warum ich Dir schreibe, ich hätte Dich ja auch in den ›Elefanten‹ einladen können. Es kommt vielleicht daher, daß ich ein komisches, fast pathetisches Gefühl habe, das ich auch gut finde, und das im Gespräch vielleicht verlorengeht. Wenn ich mit Dir *spreche,* habe ich ein starkes Gefühl von Solidarität. Ich bin nicht mehr so allein. In diesem Fall habe ich aber sowohl das Bedürfnis, allein zu sein, wie Dir etwas mitzuteilen. Findest Du's merkwürdig? Ich brauche es aber.

Vati hat mich eingeladen, mit ihm und Gerda drei Wochen nach Finnland zu verreisen. Es war eine große, große Verlockung, ja, ich bin zuerst fast übergeschnappt vor Begeisterung, so sehr, daß ich zuletzt unruhig wurde und das wie ein Warnzeichen genommen habe. Ich glaube, ich habe noch einmal vollkommenes Familienglück, und sogar als einziges Kind, erhofft. Ich wußte nicht, daß das noch so stark ist. Ein Vater, der sich unter dem Einfluß einer neuen Frau so verändert, daß ich wieder Zugang zu ihm finde, oder er zu mir! Und mit ihr Gespräche über mich, die Schule, über Bücher, Beruf, wie ich sie nie mehr für möglich gehalten hätte mit einer erwachsenen Person. Aber da ist eben eine Art Rausch in mir losgebrochen, so als könnte ich in den drei Wochen alles nachholen, was es nicht gab. Und das geht nicht. Es setzt mich unter einen solchen Druck, weißt Du, in mir brodelt es, alles ist so neu! Und was passiert, wenn wir uns in Finnland plötzlich nicht mehr so gut verstehen;

wenn meine alte Wut hochkommt; wenn die beiden Streit kriegen wegen mir? Die waren doch selbst noch nie drei Wochen allein zusammen! Es ist wahnsinnig schön gedacht von Vati, und auch Gerda ist dafür. Sie ist immerhin so helle, daß sie über Spielräume nachgedacht hat: also, zum Beispiel was ich machen könnte, wenn es mir mal langweilig wird mit ihnen. Sie formuliert das ja ganz vorsichtig. Ich könnte dann ein Rad mieten und in der Gegend herumfahren, oder ein Boot, aber es gibt nicht so sehr viele Möglichkeiten. Mal will sie allein sein mit ihm, mal will ich mit ihm am liebsten zwei Tage weggehen, mal möchte ich ihn vorübergehend zum Teufel schicken und den ganzen Tag mit ihr reden. Alles das läßt sich ja gut aushandeln, wenn man sich eine Weile kennt. Aber so könnte ich zu einem Störfaktor werden, ich hätte Angst, ob ich denen alles recht mache. Ich bin viel zu dankbar für die Entwicklung und habe trotzdem Mami gegenüber noch Schuldgefühle. Das liebste wäre mir, sie führen nicht so weit weg, und wir beide könnten in der Nähe eine Woche mit ihnen zusammen sein. Aber dafür ist es auch zu früh. Und das geht nur, wenn Mami in der Zeit wirklich und garantiert nicht unglücklich ist.

Vielleicht sagst Du, ich sei ängstlich. Gut, ich stehe dazu. Ich spüre eine Gefahr in dieser Reise zu dritt in ein fernes Land. Ich habe mit Georg darüber gesprochen, weil ich dachte, nur so als Wunschphantasie, er könnte mitkommen. Aber das verändert ja auch für Vati und Gerda alles. Wir wissen, wir mögen uns, ich meine, Vati, Gerda und ich, aber wir sind ungeübt, und diese Reise ist, als wollten wir das Neue gleich von einem goldenen Teller essen. Lach mich nicht aus, ich kann nichts für meine Angst, es könnte etwas schiefgehen.

Georg hat fest bei seinen Eltern zugesagt, die nach Österreich fahren. Es ist bei ihm vielleicht sowieso das letzte Mal. Und da könnte ich mitfahren. Darüber wird noch geredet, ob wir das Ferienhaus nur so als Stützpunkt für uns beide betrachten, oder ob wir uns in der Nähe einmieten usw., für Georg sind das auch entscheidende Verhandlungen mit seinem Vater. Und wenn ich mitfahre, meint er, bekommt er durch mich mehr Spielraum, ohne sich gleich ganz absetzen oder im Familienanschluß ersaufen zu müssen.

Ich hoffe sehr, daß das klappt. Georg reagiert nicht mehr so gutbürgerlich auf unsere Familiengeschichte. Das hätte ja fast die Freundschaft zum Platzen gebracht. Er fand sich später selber spießig, wie der an der heiligen Familie hing und mich nicht mehr recht akzeptieren konnte. Er hat gefürchtet, ich würde zu anders, also, unsere Entwicklung würde so verschieden, daß wir nicht mehr Freunde sein könnten. Er hat gesehen, daß er auch unter dem Druck des Urteils der Eltern steht. Trotz seiner Bewunderung findet er doch manches auch bourgeois, wie er sagt, edelbourgeois. Bei dem ist, ohne viel Reden, manches passiert: die Hausbesetzungen, die Krawalle, die Polizeiprügeleien, die Brokdorfdemonstrationen. Er hat zwar nie mitgemacht und auch gedacht, er könnte sich dem souveränen Urteil seines Vaters anschließen, aber der ist ihm schließlich einfach zu ordnungsverknallt geworden. Jetzt redet Georg sogar davon, daß er nicht einmal mehr bis zum Abitur zu Hause bleiben will. Nicht die Eltern trennen sich also, sondern er sucht (und fürchtet) die Trennung oder Abnabelung von ihnen. Ich glaube, Georg stehen die richtigen Stürme erst noch bevor. Sein Wunsch, auch Anwalt zu werden, ist ganz schön ins Schwanken geraten. Er ist fasziniert vom Erfolg des Vaters, aber er sieht auch, wie glatt der in seiner Rolle aufgeht: ein imponierender Mann, aber man weiß nicht mehr genau, wo Rolle und wirkliche Person noch getrennt sind. Es hat mich aber sehr erleichtert zu sehen, daß Georg an vielen Konflikten, selbst wenn er sie in ganz anderer Form kriegt, auch nicht vorbeikommt. Ihm gegenüber habe ich meine Vereinsamung am meisten gespürt. Bei Dir war sie mir ja selbstverständlich, ich meine, *Du* kamst in meinem Innenleben nicht vor, vor unseren Gesprächen, aber Georg, das wäre ein wirklicher Verlust gewesen, ein entscheidender. Du warst ein einziger großer Gewinn, und ganz ohne Vorerwartung. Entschuldige die abstrakte Sprache. Ich habe keine Lust, mir wieder die Augen auszuwischen, wenigstens jetzt gerade nicht, wo ich so eine Art Lebensplanung für die nächsten Monate betreibe.

Liebe Vroni, was wirst Du machen? Stehst Du gar vor ähnlichen Problemen? Fährst Du mit Mami nach Paris, zur Endabnahme der Übersetzung? Aber sie wird ja Annette nicht schon wieder abliefern wollen. Ihr werdet schon eine Lösung finden. Wir könnten ja auch ins Auge fassen, für acht Tage eine Kinderreise zu machen, zu dritt. Wir haben uns wirklich ein bißchen angefreundet, Annette und ich. Darüber können wir aber vielleicht im ›Elefanten‹ reden. Konferieren! Tschüß, Vroni, Du bist die erste, die jetzt meinen Entschluß erfährt. Beim Schreiben bin ich ganz sicher geworden. Schreiben, selbst von Tür zu Tür, wie jetzt an Dich, gibt mir einen Innenraum in mir selbst.

Christof

Was Vroni auf Christofs Brief antwortet, und was sie auf ihrer Reise mit der Mutter und Annette nach Paris erlebt und bei der Freundin der Mutter in München, die mit ihr Theater spielt

Ende Juni

Lieber Innenarchitekt von Dir selbst,

ich lache überhaupt nicht, ich schaue Dir immer wieder staunend zu und bin verblüfft, wie verschieden und wie ähnlich wir sind. Ich brauche nämlich auch Familienbeistand. Eine Woche fahre ich mit Mami nach Paris, und dann vierzehn Tage zu Mamis Freundin. Mami nimmt Annette wohl die ganzen drei Wochen mit. Die Sache mit den Kinderferien begeistert mich. Wie wir das Mami beibringen, weiß ich noch nicht. Könnten wir die Kinderferien nicht zu Hause machen, ich meine, da kennen wir uns am besten aus. Wir können doch nicht für uns Grünschnäbel eine Ferienwohnung mieten oder ins Hotel gehen! Und zu dritt können wir uns auch bei noch so guten Freunden nicht einquartieren. Also, ich versuche Mami Kinderferien zu Hause schmackhaft zu machen. Dann müssen wir, wenn Du kochst, nur die eigene Küche renovieren und wissen auch, wo der nächste Arzt wohnt. Je mehr ich darüber nachdenke, desto schöner finde ich es, einmal das ganze Haus eine Woche nur für uns Kinder zu haben. Wann machen wir die nächste Konferenz im ›Elefanten‹? Ich habe mit Mamis Freundin telefoniert. Sie ist bereit, mit mir auch Rollenspiel zu probieren. Manchmal schnappe ich fast über vor Spaß am Leben. Wer hätte gedacht, daß wir aus unserer Katastrophe so viel herausholen? Gute Entlümmelung, mein Lieber, wünsche ich Dir, völlig unhochnäsig, weil ich mir gleichzeitig guten Ausstieg aus dem Mustopf erhoffe,

Deine Vroni

PETER GOEDEL, HERBERT HOVEN
AUSSER BRIEFE SCHREIBEN
KANN MAN HIER NICHTS

Diese Szenen sind aus dem Hörspiel »Außer Briefe schreiben kann man hier nichts« ausgewählt. Es sind typische Szenen, zum Teil Höhepunkte des ganzen Textes. Das Hörspiel ist nach einem tatsächlichen Fall gestaltet: Der

Schüler Markus wird aufgrund seines provokanten, aggressiven Verhaltens in psychiatrische Behandlung überwiesen, nachdem die Eltern und die Lehrer keine andere Möglichkeit zur Beeinflussung mehr sahen. In der psychiatrischen Klinik, in der Markus nichts weiter tun kann als Briefe schreiben, erinnert er sich an die Situationen, die das Hörspiel darstellt. Die extreme Lösung »Klinikeinweisung« fordert dazu heraus, über das Leiden von Markus nachzudenken – das ja eigentlich ein ganz alltägliches Leiden eines Jugendlichen ist.

Redaktionssitzung

JÜRGEN: Nun seid doch mal ruhig! Hans, stell mal die Musik ab, bei diesem Lärm kann man doch keine Schülerzeitung machen.
(Musik aus.)
Ich les einfach mal die Themen für die nächste Nummer vor: vom Erwin eine »Skizze für eine neue Schule«. Der Helmut hat einen Bericht über die Polit-Rockgruppe »Ton, Steine, Scherben« geschrieben. Von Dieter liegt ein Artikel über eine Demonstration gegen den Bau eines Kernkraftwerks vor. Und unsere Reihe über die Analyse von Schulbüchern wird diesmal von Mark fortgesetzt, der sich mit unserem Bio-Buch auseinandergesetzt hat.
HEIDI: Das kann ja heiter werden!
JÜRGEN: Ich schlage vor, wir fangen mit dem Artikel von Mark an.
MARKUS *(liest seinen Artikel vor):* »Unsere Schulbücher: Wie kommt das Spermlein zum Eilein? – Auf 158 Seiten wird einem hier allerhand Wissenswertes vermittelt. Für das Auge bringt man 8 Seiten auf; den Nerven stehen sogar neun zu. Die Geschlechtsorgane werden allerdings nur auf zwei Seiten abgehandelt. Da finden wir beispielsweise auf Seite 125 einen überaus

brutalen Querschnitt, auf dem nicht etwa die Geschlechtsorgane, sondern die männlichen »Fortpflanzungsorgane« dargestellt werden. Das Ganze sieht dann auch schwer nach »Fortpflanzungsorganen« aus: Nichts läßt darauf schließen, daß man mit einem Penis (von vielen auch »Schwanz« oder »Pimmel« genannt) auch Freude und Spaß haben kann. Nach der hier dargestellten Abbildung ist der Penis nichts weiter als ein Piß- und Samenausscheidungsorgan. Wie uns hoffentlich bekannt ist, kann der Penis nur in die Scheide des Mädchens (von vielen auch »Möse« oder »Funz« genannt) gelangen, wenn er steif ist. Dieser Penis, der hier dargestellt ist, kann allerdings gar nicht steif werden, wenn man der darunterstehenden Erklärung Glauben schenken soll. In dieser Erklärung steht nichts über die Schwellkörper, die, wenn sie sich mit Blut füllen, den Penis steif werden lassen. Da steht auch nichts von der Eichel, der sehr kitzligen Spitze des Penis. Da steht nichts von der Vorhaut, die beim Eindringen des Penis in die Scheide des Mädchens zurückgezogen werden muß. Zusammenfassend kann man über das hier abgebildete Unding sagen, daß man mit ihm kaum Kinder machen, geschweige denn Spaß haben kann.«

DIETER: Der haut ja wieder voll rein.
KLAUS: Ein Fressen für den Direx.
HEIDI: Ich finde das ganz prima.
JÜRGEN: Nicht alle durcheinander! Dieter, du wolltest was sagen.
DIETER: Ja, also, ich finde den Artikel sehr provozierend. Daß wir schlechte Schulbücher haben, ist ja wohl jedem klar. Aber das braucht man ja nicht in dieser Art und Weise verdeutlichen.
HEIDI: Was heißt, man braucht das nicht in dieser Art und Weise verdeutlichen?! Man muß das in dieser Art und Weise verdeutlichen. Man muß die Leute, die

Schüler und Lehrer und auch die Eltern auf so Mistbücher aufmerksam machen.

MARKUS: Und das schaffst du nur mit so einem Artikel. Mit dem üblichen höflichen Gequake erreichst du gar nichts. Die Leute müssen wie vor den Kopf geschlagen sein, sonst reagieren die überhaupt nicht.

KLAUS: Ich bin auch deiner Meinung. Mit den zahmen Artikeln erreichst du gar nichts. Man muß die Leute schon provozieren. Aber eines ist ja auch klar, mit diesem Artikel handeln wir uns wieder ganz schönen Ärger ein.

Wohnung der Familie Kessler

(Der Fernsehapparat läuft. Vorabendprogramm. Die Mutter räumt den Abendbrottisch ab.)

MUTTER: Kannst du dich nicht ein bißchen beeilen mit dem Essen? Gleich kommt der Krimi, und ich muß noch das ganze Zeug spülen.

VATER: Immer mit der Ruhe. Wenn wir pünktlich angefangen hätten, brauchtest du nicht so zu hetzen. Aber du wolltest ja unbedingt auf den Jungen warten. Jetzt ist es kurz vor acht und der junge Herr ist immer noch nicht da.

FERNSEHANSAGE: Meine Damen und Herren! Bei dem nun folgenden Krimi »Die Tote im Tulpenfeld« wünschen wir Ihnen angenehme Unterhaltung.

(Der Krimi fängt an.)

MUTTER *(ruft aus der Küche):* Ach, du meine Güte, jetzt geht es schon los, und ich bin immer noch beim Abwasch. Kann denn der Mark nie pünktlich sein!

(Türklingel)

MUTTER: Das wird er sein.

(Die Mutter öffnet die Wohnungstür.)

Sag mal, weißt du eigentlich, wie spät es ist??

MARKUS: Na und, ich bin aufgehalten worden. Hab sowieso keinen Hunger.
MUTTER: Aber ich sitze hier und warte. Du weißt doch, daß wir immer um sieben essen. Ist das klar?!
MARKUS: Ja, ja.
VATER: Das ist doch ein hoffnungsloser Fall. Da hilft doch nur noch ein Erziehungsheim.
(Markus knallt die Tür zu und geht.)
MUTTER: Mußt du denn immer so reden. Damit verschreckst du doch nur den Jungen...
VATER: ...nun stör du wenigstens nicht mehr. Ich will den Krimi sehen.

(Markus hat sich in seinem Zimmer eingeschlossen. Die Mutter rüttelt an der Zimmertür.)

MUTTER: Markus, mach doch auf! Ich hab mit dir zu reden!
MARKUS: Laßt mich in Ruhe. Hat doch sowieso keinen Sinn. Ausziehen darf ich ja nicht...
MUTTER: ...das kommt auf keinen Fall in Frage *(Die Mutter klopft an die Tür.)* Nun mach schon auf.
MARKUS: Rutscht mir doch den Buckel runter.
(Die Mutter geht zurück ins Wohnzimmer.)
MUTTER: Was sollen wir bloß mit dem Jungen machen? Der wird immer störrischer...
VATER: ...jetzt hör endlich mit dem Theater auf! Da kommt man abends abgespannt nach Hause, will seine Ruhe haben, und du liegst einem immer mit dem Jungen in den Ohren... laß ihn doch ausziehen...
MUTTER: Das könnte dir so passen. Da kommt er doch ganz unter die Räder. Er ist doch erst 15. Nee, nee, das kommt nicht in Frage. Er ist schließlich mein Sohn.
VATER: Ein schöner Sohn. Kannst deinem ersten Mann dazu gratulieren. Man sieht ja, wie sehr er an dir hängt.

MUTTER: Ach du, du willst ihn nur los sein. Du kümmerst dich sowieso nicht um ihn. Dir ist doch der Krimi wichtiger als der Junge.
VATER: Und du regst dich immer nur über ihn auf. Aber passieren tut nichts.

Bei der Freundin

(Schritte auf einem Gartenweg. Türklingel. Die Tür wird aufgemacht.)
SUSI: Mark?! Das ist aber schön. Komm rein.
(Sie gehen in ein Zimmer. Der Plattenspieler läuft.)
MARKUS: Ich wünschte, meine Alten würden auch mal allein in Urlaub fahren.
SUSI: Aber wir können uns doch bei mir treffen. Das ist doch schon was.
MARKUS: Und wenn deine Alten wieder zurück sind, ist wieder alles Essig. Prima.
SUSI: Sei doch nicht gleich so muffig. Wir haben doch zwei Wochen noch vor uns.
SUSI *(zärtlich):* Komm, Markus.
MARKUS: Ach, laß mich! Mir geht das alles auf den Geist.
SUSI: Ich versteh dich nicht. Wir hätten jetzt so eine schöne Zeit, und du machst so ein Gesicht.
MARKUS: Jetzt hackst du auch noch auf mir rum! Kann mich denn keiner mal in Ruhe lassen. Ich glaub, ich hör meine Alte reden.
SUSI: Sag mal, was willst du eigentlich?!
MARKUS: In Ruhe gelassen werden! Immer hat jemand was zu kritisieren. Ich kann keinem was recht machen. Den Lehrern nicht, meiner Mutter schon gar nicht, und jetzt dir auch nicht. Ich würde am liebsten abhauen.
SUSI: Quatsch! Irgendwann schnappen sie dich, und dann ist es wieder aus.

MARKUS: Ich will ja nicht so einfach verduften. Aber die könnten mich doch ausziehen lassen. Mein Alter wäre ja direkt froh, wenn ich raus wäre. Aber meine Alte bringt das nicht. Die dreht durch, wenn ich mit so was komme. Dabei kümmerts die doch einen Dreck, wies mir wirklich geht.
SUSI: Aber du mußt die auch mal verstehen. Sie macht sich halt Sorgen um dich. Und mit deinem Alten hat sies auch nicht einfach. Daß er dich nicht verknusen kann, dafür kann sie doch nichts.
MARKUS: Du gehst mir aufn Keks. Du kannst gut rumquatschen bei deinen Eltern. Die lassen dich doch machen. Da mußt du nicht immer antanzen und über alles und jedes gleich einen Rechenschaftsbericht ablegen. Du kannst dir das ja gar nicht vorstellen.
SUSI: Aber es war doch gar nicht so gemeint. Ich versteh dich ja...
MARKUS: Ich halt das einfach nicht aus, diese ewigen Zänkereien zu Hause. Ich glaub, die sind ganz froh, daß sie mich haben. Da können sie immer schön auf mir rumkloppen...
SUSI: Komm, Markus! *(gibt ihm einen Kuß)* Du mußt dich nicht immer so reinsteigern. Jetzt bist du hier. Und ich bin bei dir. Ich hab dich lieb.

Wohnung der Familie Kessler

(Die Wohnungstür wird aufgeschlossen. Jemand kommt herein.)
MUTTER *(entfernt aus einem anderen Zimmer, erregt):* Markus?... Bist dus?... *(Sie öffnet die Zimmertür.)* Ja, sag mal... Was ist denn in dich gefahren!... Bist du denn verrückt geworden?! Treibst dich die ganze Nacht draußen rum, und ich kann kein Auge zumachen!
MARKUS: Mann, reg dich doch ab!

MUTTER: Das mußt du gerade sagen!... Worüber muß ich mich denn immer aufregen?! Mit dir hat man nichts als Kummer und Sorgen...
MARKUS: Hör doch auf! Ist doch immer dasselbe. Du kannst mich mal. *(Er will in sein Zimmer gehen.)*
MUTTER: Du bleibst jetzt hier! *(Sie hält Markus am Ärmel fest.)*
MARKUS: Laß mich los! Laß mich!
MUTTER: Hiergeblieben! Ich hab mit dir zu reden!
MARKUS: Aber ich nicht mit dir.
MUTTER: Du freches Aas! Dir werd ichs zeigen.
(Sie haut ihm eine runter. Markus schreit und rennt weg. Die Mutter packt ihn wieder.)
MUTTER: Du bleibst jetzt!
MARKUS: Laß mich los! Laß mich doch...
MUTTER: Du bleibt jetzt hier! Also... wo warst du? Wo hast du dich rumgetrieben? Raus mit der Sprache!
MARKUS *(trotzig)*: War bei der Susi... Na und?...
(Die Mutter verliert die Fassung. Schlägt, ja trommelt auf ihn ein.)
MUTTER: Du... du... du... In deinem Alter! Genau wie damals dein Vater... du elender Rumtreiber... du... du...
(Markus kann während des Getümmels der Mutter entwischen. Rennt in sein Zimmer und schließt sich ein.)

Beim Schulpsychologen

SCHULPSYCHOLOGE: Markus, ich habe den Eindruck, daß du immer noch ausweichst, obwohl wir nun schon über eine Stunde reden.
MARKUS: Mag sein...
SCHULPSYCHOLOGE *(eindringlicher)*: Du weißt doch, daß ich mit der Schulbehörde nichts zu tun habe. Was du hier sagst, bleibt unter uns. In das schulpsychologi-

sche Gutachten kommt von dem, was wir hier sprechen, nichts rein.
MARKUS: Okay, okay.
SCHULPSYCHOLOGE: Also, dann laß uns mal fortfahren... Du meinst... daß dich die anderen bewußt provozieren?
MARKUS: ... Ja, ja. Ich lasse mich nun mal leicht provozieren... und die wissen das... vor allem mein Stiefvater. Bei den Lehrern ist das ähnlich. Ich habe manchmal den Eindruck, die stecken alle unter einer Decke. Sicher, ich mach auch viel Mist, klar. Aber die sind doch nun auch daran schuld.
SCHULPSYCHOLOGE: Du findest also, daß alle gegen dich sind?! Auch deine Mutter?
MARKUS: Tja, meine Mutter... Früher haben wir uns noch sehr gut verstanden. Aber als sie dann wieder geheiratet hat, schon weniger. Na ja, und seitdem ich eine Freundin habe und viel in der Schülerzeitung arbeite, wird das immer schlimmer...
SCHULPSYCHOLOGE: ... Du hast das Gefühl, daß sich dein Verhältnis zu deiner Mutter geändert hat... seitdem du eine Freundin hast?
MARKUS: ... ja... ich bin dann auch ein paar Mal nachts nicht nach Hause gekommen. Ich habe bei der Susi übernachtet, das ist sowieso die einzige, die mich versteht, und da ist meine Mutter fast durchgedreht. Die kapiert nicht, daß ich nicht mehr der kleine Junge bin... genauso ist das mit dem ewigen Bemuttern: Mark hier, Mark da, wie siehst du denn wieder aus, du kommst zu spät... Da könnte ich die Wut kriegen...
SCHULPSYCHOLOGE: Es kann dich wütend machen, daß deine Mutter dir nicht mehr Freiheit gibt, deinen eigenen Weg zu finden?
MARKUS: Genau. Natürlich meint sie alles nur gut. Aber sie will mir immer alles vorschreiben. Aber jetzt mache ich nicht mehr mit.

Klassenkonferenz

DR. ROSEN: »Markus weist eine überdurchschnittliche Intelligenz auf, gepaart mit einer starken, leicht erregbaren Emotionalität. Eine ausgeprägte Selbstunsicherheit überspielt er in einem nach außen aggressiv wirkenden, sozial unangepaßten Verhalten...«

ANDERS: Aha, so heißt das jetzt. *(ironisch)* Wirklich zu bedauern, der arme Junge...

DR. ROSEN: Bitte, ich möchte gerne das psychologische Gutachten weiterlesen: »Der Aufbau einer Abwehrhaltung sowohl seinen eigenen Gefühlen als auch seiner Umwelt gegenüber ist wohl vor allem auf die häusliche Situation zurückzuführen: eine Mutter, die auf Grund einer überstarken Bindung an ihren Sohn dessen eigenständige Entwicklung in der Pubertät behindert; ein Stiefvater, der seine Vaterrolle nur durch autoritäre Eingriffe äußerlich erfüllt.«

ANDERS: Aha, die Eltern... als Sündenböcke...

DR. ROSEN: Bitte, Herr Anders... »In der Arbeit bei der Schülerzeitung findet Markus eine soziale Identität, die er in der Schule und im Elternhaus vermißt. Ihn aus diesem sozialen Zusammenhalt gewaltsam herauszureißen, halte ich für nicht geraten...«

SÄNGER: Jetzt sind wir wohl die Schuldigen...

DR. ROSEN *(überhört das):* »... schlage ich vor, ihn aus seiner häuslichen Umgebung herauszunehmen, ihn in eine der bestehenden offenen Jugendwohnstätten einzugliedern und ihn gleichzeitig einer psychotherapeutischen Behandlung zuzuführen.«

ANDERS: Was die Eltern mit dem Jungen machen, ist mir egal. Aber auf dieser Schule will ich ihn nicht mehr haben... damit spreche ich doch in Ihrem Namen?!

HILLER: Moment mal, so einfach können Sie sich das nicht machen. Sie müssen doch die Gesamtsituation von Markus sehen. Sie können doch nicht trennen: hier Schule, da Elternhaus.

SÄNGER: ... ach hören Sie mir doch auf. Sie mit ihrer Konfliktstrategie. Wenn irgendwo etwas nicht klappt, dann geht man immer zuerst der Gesellschaft ans Leder. Aber selbst ...

HILLER: ... Herr Sänger. Mit Konfliktstrategie hat das überhaupt nichts zu tun ...

ANDERS *(ironisch):* ... aber mit der Gesellschaft ...

HILLER *(genauso ironisch):* ... ich freue mich über Ihre Einsicht. Genau damit hat es nämlich zu tun. Sie können Elternhaus und Schule nicht auseinanderdividieren. All diese Bereiche, auch seine Freunde, auch die Schülerzeitung, gehören zur Lebenswelt von Markus. Ich wehre mich einfach dagegen, hier voreilige Schlüsse zu ziehen ...

SÄNGER: ... voreilig sagen Sie. Das Theater geht jetzt seit fast drei Jahren; seitdem der Kessler hier auf der Schule ist. Ich hab es langsam aber sicher satt.

ANDERS: Richtig, Kollege, ich auch. Meiner Meinung hilft da nur eins: die Sonderschule.

HILLER: Damit Sie ihre Ruhe haben, Herr Anders!

HANNELORE RHEINZ
DAS GEFÜHL, ICH HAB DAS ZUHAUSE
IN DER VENE
Zwei Mädchen aus der Schießer-Szene

Doris

Mit meinen Eltern? Viel geredet hab ich mit denen nich, so über Probleme, die mich persönlich angehen. Und später bin ich höchstens alle zwei Wochen nach Hause gekommen, dann am Wochenende, Sonntagmittag mal, und abends war ich dann wieder weg; dann war da so das Übliche, so oberflächlich, da hab ich kurz gesagt, was ich gemacht hab, aber ansonsten war nich viel.

Mein Vater war ziemlich streng, so was die sogenannte Moral angeht. Auf der Ebene, da war mit dem kaum zu reden. Bei meiner Mutter weiß ich zwar, daß ich eher mit der zurande komme, aber die sagt immer alles hinterher meinem Vater: jetzt hab ich das und das gemacht, meinst du das is richtig so? Und wenn der meint, es is nich okay, dann nimmt sie alles wieder zurück und sagt was ganz andres. Früher hab ich ihr auch mal Sachen erzählt, die ich meinem Vater bis heut nich erzählen würd, und die hat ihm das auch erzählt; seit der Zeit is finito, seit der Zeit sag ich ihr auch nix mehr...

Ich hab damals schon, wie ich noch zur Schule ging, angefangen mit Shit und Trips, und so mit 15 bin ich dann so richtig eingestiegen. Auch durch die Leute, die ich dann so kennengelernt hab, auf Feten von Schulklassen, da hab ich angefangen.

Und das hat sich dann noch mehr gesteigert, nachher, als ich 'nen Freund, meinen ersten Freund hatte. Wie alt war ich damals, so sechzehn, so um den Dreh rum, ich fand das abartig, mit dem ins Bett zu gehn, so nich jetzt ausgerechnet mit dem. Ja, und dann hab ich eigentlich richtig angefangen mit'm Schießen; ich hab mir nie vorstellen können, mit einem ins Bett zu gehn, wenn ich nix genommen hab. Ich hab Ekel vor dem und zum Teil Angst gehabt, der sagt mir etwas, na, weiß der Teufel, daß ich nicht gut bin im Bett, aber mehr noch, ich hab das manchmal nich abgekonnt. Ich hab da echt 'n Ekel vor gehabt und das is mir so bis zum Schluß gegangen, ich hab schon das Bedürfnis gehabt und trotzdem hab ich mich davor irgendwie geekelt, das war ganz kaputt irgendwo.

Ich hab immer mehr zu den Leuten geneigt, die halt auch auf der Scene waren, so daß ich in den letzten Jahren überhaupt keine anderen Leute gekannt hab, die clean sind; ich bin anders geworden, einfach verschlossener, und vom Gefühl her: gar nichts mehr – ich bin nich mal mehr wütend geworden. Das einzige, was ich gemacht hab, wenn's mir halt so ziemlich dreckig ging, dann bin ich halt auf's Zimmer hoch. Das hat aber nie jemand gesehn. Und dann hab ich den nächsten Druck gemacht. Ich hab mich richtig so zurückgekapselt.

In den letzten Jahren hab ich auch gedealt, auch im größeren Kreis, von Holland her. Zum Teil bin ich, also nich direkt auf'n Strich gegangen, aber ich bin halt mit 'ner Frau, die lesbisch war, und von der hab ich ne ganze Menge Geld gekriegt. Ich bin nachher auch mit in so Lokale rein, hab zum Teil dann auch mit Männern geschlafen für Geld. Wenn ich Geld brauchte, bin ich halt zu der hingegangen, dann hab ich's auch gekriegt. Und so hab ich dann immer genug gehabt; ich hab die ganze Zeit, wo ich geschossen hab, nie Turkey geschoben. Ich hab so ziemlich alles durchgemacht, die schlimmste Zeit, die ich eigentlich mitgemacht hab, war die Zeit, wo ich halt so gekokst hab, da war ich auch ziemlich hart drauf. So nachher hab ich gedacht, ich bin klapsenreif, hab so Paranoia gehabt. Ich bin dann immer wieder von meinen Eltern verfolgt worden, ich hab die gehört vor meiner Zimmertür, und die waren gar nicht da, ich hab die im Haus gehört, und die waren gar nicht da, ich bin nachmittags weggegangen und hab gedacht, die fahren so neben mir an 'ner Straße entlang, und dann hab ich gehört, wie sie sagten, mal gucken, ob sie jetzt nach X reinfährt, und dann bin ich in 'nen Bus und dann war es gut; sogar bei meinem Freund hab ich gedacht, die stehn vor der Zimmertür, die kucken durch's Schlüsselloch, und so Sachen halt. Ich hab nachher schon gedacht, ich werd bekloppt, ich krieg das gar nicht mehr geregelt; morgens, da bin ich ins Bad reingegangen und da bin ich nachmittags wieder rausgekommen, ich weiß nich, was ich in der Zeit gemacht hab, da bin ich oft sechs Stunden im Badezimmer gewesen und ich weiß nicht, was ich da gemacht hab. Ich hab mit Leuten geredet, die überhaupt nicht da warn im Haus, also ich war, das war 'ne kaputte Zeit, ziemlich kaputt.

Ich bin auch damals, so am Anfang erst in die Therapie gegangen, weil mein Freund, der hatte Entzug gemacht und ist dann hinterher auch in Kur gegangen; dann hab ich mir überlegt, was machste jetzt, der is auch nich mehr da, da hab ich keinen Bock drauf; und im LKH, die ham mir damals gesagt, also zwei Monate geben wir dir, höchstens, dann biste wieder da, und ich hab mir halt am Anfang gesagt, na, wenn ich keinen Bock mehr hab, da fahr ich halt zurück.

Doris ist 21 Jahre und seit 18 Monaten in Entziehungskur. Sie wollte Krankenschwester werden und begann ihre Ausbildung. Aber drei Monate vor dem Staatsexamen wurde bekannt, daß sie abhängig war. Sie brach ihre Ausbildung ab. Ich frage mich, ob sie die Ausbildung doch noch zu Ende bringen will.

Das ist witzlos. Ich mein, ich hab zwar die ganzen Nachweise, aber die sin halt soweit, daß die sagen, okay, Sie können zwar wieder mal anfangen, aber dann vorher vier, fünf Jahre draußen arbeiten und clean sein. Und ich weiß auch nicht, Krankenschwester, das is'n Beruf, der mir heut auch noch liegen würd, aber so mit den ganzen Sachen, von wegen den ganzen Tag wieder mit Tabletten und Opiaten und was weiß ich umgehen? Ich weiß zwar, so Tage wo's mir halt gut geht, daß ich sagen kann, okay, das Zeug bleibt halt da stehen; aber ich weiß nich, wie's aussieht, wenn's mir halt nich so gut geht, und die andre Seite is halt noch, wenn da mal was wegkommen sollte auf der Station, der erste Verdacht, der liegt dann halt bei mir.

Karin

Meine Eltern haben gearbeitet wie die Idioten. Er hat bis nachts noch seine Meisterprüfung gemacht, sie ist bis Mitternacht noch putzen gegangen, wir haben die kaum gesehen. Meine Mutter ist immer schon, ich weiß nicht woher das kam, sie ist immer geflüchtet. Die ist aus Ostpreußen geflohen und wurde dann hierher versetzt und dann ist sie innerhalb ihrer Ehe, ich glaub, sechsmal umgezogen, wir alle, die ganze Familie, immer umgezogen. Meine Mutter, die hat sich nirgendwo wohlgefühlt.

Als mein Bruder da war, den hab ich wahnsinnig gehaßt, ich wollte den am liebsten umbringen, weil ich immer auf den aufpassen mußte und eigentlich er die ganze Aufmerksamkeit und die Liebe meiner Eltern gekriegt hat, weil ich damals der Heiratsgrund war und sie erst, nachdem ich geboren war, geheiratet haben, obwohl sie nicht wollten. Und mein Alter wollte, wenn schon, denn einen Jungen haben. Drum mußt ich auch bis zu 12 Jahren ganz kurze Haare haben, immer Hosen an, immer so rumtrainieren und so. Und als ich meine erste Regel gekriegt hab, hab ich gesehen, daß ich 'ne Frau bin, und bei meinen Mitschülerinnen, da hab ich halt gesehen, daß die mit Jungen flirten. Ich hab früher Typen verprügelt und war eigentlich immer unheimlich hart, Schlägerin und so, und dann hab ich plötzlich gemerkt, daß ich eigentlich 'ne Frau bin und bin in das andere Extrem reingefallen, unheimlich Frau zu sein, von Typen umschwärmt zu werden; hab mich unheimlich geaalt da drin, und dann hab ich mich an Typen angeschlossen.

In der Schule war ich unter den Kiffern, das war so 'ne Scene. Ich war 'n sehr hübsches Mädchen und hab dann 'n Freund gehabt, der war in der letzten Klasse, und das war natürlich toll, so 'n älterer Freund, das war natürlich angesehen und ich kam mir auch unheimlich gut dabei vor, mit 13. Ich war da in so 'ner Clique drin, mit vier Typen und ich als einziges Mädchen. Und da hab ich angefangen zu kiffen und Mandrax zu nehmen. Die ham da so Machtkämpfchen untereinander gehabt, wer raucht am meisten, wer wirft am meisten trips und so, und da hab ich halt immer mitgezogen. Wir sind alle in eine Schule gegangen, das war unheimlich toll, da sind wir vormittags alle immer, bevor die Schule angefangen hat, hinter die Kirche und ham da unsere Pfeifchen geraucht und ham immer gelacht, das war noch unheimlich lustig damals. Es fing unheimlich gut alles an.

Ich hab aber nich aufgehört, diese Schlafmittel zu nehmen, und dann kam ich mit 14 das erste Mal in die Psychiatrie. Und das is schon komisch, da hab ich mich das erste Mal in meinem Leben richtig wohlgefühlt. Ich war da in 'ner geschlossenen Abteilung, ich war die Jüngste und ich hatt immer das Gefühl gehabt, da is jemand da für mich, die kümmern sich um mich. Nach zwei Wochen bin ich dann entlassen worden und meine Eltern haben mich abgeholt, aber ich wollt da überhaupt net raus, überhaupt net...

Mit 15 hab ich angefangen zu drücken.

Das Drücken, das Gefühl kannste überhaupt net so beschreiben. Angenehm: ich hab Mamma, Pappa in der Vene drin, ich hab's Zuhause in der Vene. Eine Geborgenheit, ich war sicher, ich konnte reden, ich hab leben können, hat mir das Gefühl von Leben gegeben, alles war nicht mehr so tragisch, alles um dich rum war okay.

In der Clique, die haben alle vor mir angefangen zu schießen, ich hab mir das praktisch so 'n halbes Jahr angeschaut, hab dann aber auch schon gemerkt, die werden komisch die Leute, sehr komisch, sehr egoistisch, und trotzdem hab ich dann auch angefangen. Ja, und dann mit der Zeit is es so, wenn du auf der Scene bist, dann biste nimmer so in 'ner Clique, dann biste eigentlich alleine. Später, wo ich angefangen hab zu drücken, war ich eigentlich allein.

Ich hab gearbeitet nach der mittleren Reife, ich mein, du bist arbeitsfähig, wenn du drückst, du kannst arbeiten; nur wenn du dann nix hast, dann hängste. Ich hab aber ziemlich viel connections zu allen möglichen Leuten, ich hatte immer was zum Schießen, ich war in den ersten zwei, drei Jahren wirklich ganz selten auf Entzug. Erst nach drei Jahren fing's dann an mit dem ganzen Scheiß, mit dem Rumlaufen auf der Scene. Und dann haste mal 'n Schuß gehabt, und da haste dann schon so viel gebraucht, daß du das nur noch ganz selten gekriegt hast.

Ja, und dann hab ich gedealt: nach Amsterdam gefahren, das Zeug rübergeholt und verkauft, hab meine Mutter beklaut, Scheckbetrug, Ärzte beklaut, Rezepte gefälscht, Apothekeneinbrüche gemacht. Und dann mit der Zeit, wo auch die Bullen sehr aufmerksam waren, wurden Apo-Einbrüche immer komplizierter. Und da haste mal einen durchgezogen und bist mit 'nem Typen ins Bett. Obwohl, du hast, wenn du gedrückt hast, überhaupt nix mehr empfunden, die Typen sind mit der Zeit impotent geworden, ham keinen mehr hochgekriegt. Und als Frau is es, also mir is es halt damals so gegangen, daß ich es ganz toll fand, so wieder mal mit 'm Typ ins Bett zu gehen, aber so richtig geil, so richtig angetörnt bin ich nie geworden. Dazu kommt, daß ich von meiner Mutter auch noch ziemlich viel drin hatte, so nach dem Muster, is ekelhaft mit 'nem Mann zu schlafen. Ich bin mit vielen Typen ins Bett gegangen, bin aber nie bezahlt worden, ich bin nie auf'n Strich gegangen, ich hab bloß einmal mit'm Ausländer geschlafen für fünfzig Mark und das hat mir gereicht, da hab ich mich also total besoffen danach, bin unter die Dusche und hab mich, glaub ich, 'ne Stunde lang geduscht. Da bin ich total durchgedreht.

Dann hab ich mal meine Mutter gelinkt und gesagt, ich wär schwanger und bräucht 300 Mark für 'ne Abtreibung. Die hat mir das Geld gleich gegeben und ich gleich auf die Scene gefahren und hab mir 'n Gramm gekauft. So bin ich halt immer an das Geld gekommen. In der Zeit hat meine Mutter auch angefangen zu trinken, weil sich mein Alter von ihr getrennt hat. Sie war jeden Tag stockbesoffen, ich war zugeknallt und mein Bruder war da irgendwo in der Mitte drin. Das war wirklich ein Chaos. Also innerhalb dieser letzten zwei Jahre vom Drücken bin ich siebenmal in der Klapse gewesen. Und dann bin ich auch das erste Mal verhaftet worden, und wie ich wieder zurück bin, hab ich wieder angefangen zu schießen. Meinen Freund, den hab ich tot aufgefunden, in seinem Zimmer, und von da an ging es eigentlich immer weiter runter, da sind um mich sehr viele Freunde gestorben an Überdosen und so, und ich hab bloß noch gedacht, entweder ich kratz jetzt ab oder irgendwas passiert. Und da hab ich immer mehr gedrückt.

Das wird eigentlich, so nach'n paar Jahren, da wird das zur Hölle. Da stehste morgens auf, dann kriegste Schweißausbrüche, dann fängste an zu zittern und dann drehste durch; dann brauchste was, auch schon körperlich; wenn du schon gar nimmer gehen kannst, tust du dich auf die Scene schleppen, stellst dich dann bei jedem Wetter da hin und wartest, daß da irgendjemand kommt und was hat; wenn du kein Geld hast, mußt du erst mal das Geld zusammenlinken, haste wieder fuffzig Mark, dann kommt jemand, dann kaufste was, und wenn du dann solche Mengen schießt, dann bringt dir das eh nix, dann haste eben bloß keine körperlichen Schmerzen mehr und merkst auch gar nix mehr. Das is ja das Schlimme, du merkst nix mehr, du hast das Gefühl nich mehr, und da mußte schon 200 Mark hinlegen am Schluß, daß du das Gefühl wieder kriegst.

Mit den Frauen hatt ich eigentlich nie was zu tun, die

sind alle meistens auf'n Strich gegangen und dann haben wir uns halt auch ausgelinkt ... und Frauen waren meist linker als die Typen. Ich hab einmal was von 'ner Frau gekauft und das war link, das war wirklich so, daß die Frauen linker waren als die Typen, weil die weniger Geld hatten als die. Und dann auch so Dinger wie: die Typen, da is der eine mal mit der Pistole in die Apotheke reinmarschiert und hat dem Apotheker die Knarre vors Gesicht gehalten und hat gesagt: »Gift raus«; das hat die Frau nie gemacht. Von daher hatten die auch gar nich so die Möglichkeiten, das Geld zu kriegen, dann sind se halt auf'n Strich gegangen, und damit wollt ich irgendwie, mit Frauen wollt ich nix zu tun haben.

Karin, 23 Jahre, ist von den Drogen losgekommen. Sie arbeitet jetzt als Heimleiterin in einer Drogenklinik. Ich sage ihr folgendes: Ich habe oft gehört, daß Drogenleute für besonders bewußt gehalten werden, daß sie ihren Protest wirklich ausleben und daraus nach der Therapie auch etwas ableiten. Nach allem, was ich inzwischen so bei Exusern gesehen habe, glaube ich aber nicht mehr, daß das stimmt.

Also daß sie was draus ableiten, glaub ich auch nicht. Aber daß du dir viel mehr bewußt wirst nach dem Drücken, wenn du aufhören kannst, ist auf jeden Fall so, weil du so irre Erfahrungen gemacht hast: du bist in solchen Grenzsituationen gewesen, wo jemand anders vielleicht zehn, zwanzig Jahre oder länger dazu braucht. Weißt du, die Gefahr ist nur, daß du zwar persönlich durchblickst, aber nur noch für dich was machst und sonst nix mehr. Das ist das Problem: daß so'n ehemaliger Drogenabhängiger, vor allem auch die Frauen, sich so schwer in politischen Gruppen einfügen können. Daß sie entweder ganz wieder aussteigen und wieder drücken oder sich an so 'ne Zweierbeziehung festklammern und dann halt in so'ne gesellschaftlich anerkannte Lebensweise einsteigen, heiraten, Kinder kriegen und so; das ist einfach dieser Selbstschutz. Erst dieses ganze kaputte Leben, jetzt wieder 'n ganz geregeltes Leben. Drum wirst du wenige Frauen finden, die gedrückt haben und später nicht in 'ner Zweierbeziehung drinstecken.

Ja, und 'n Rückfall, der is eigentlich immer drin. Ich weiß noch, wie ich in Kur war, nach zwei Wochen wollt ich das erste Mal abhauen. Da ham wir 'n Spaziergang gemacht und da hab ich 'ne Fixe auf der Straße liegen sehn, und da kam das sofort wieder, du mußt 'n Schuß setzen. Aber dann bin ich doch geblieben, ich hatt einfach Angst vor diesen ganzen Erinnerungen an die Scheiße, die mir passiert is, so Angst, da wieder reinzukommen. Und ich wußte eigentlich, entweder ich lebe oder ich geh vor die Hunde.

GERHARD MAUZ
»VON BERUF – HAMPELMANN«
Der Kochsmaat Edward Tapper

Er hat acht Menschenleben auf dem Gewissen und betritt den Sitzungssaal im Amtsgericht Bremerhaven so, als verkörpere er die Gewissenlosigkeit. Rechts ist er an den Beamten gekettet, der ihn vorführt, doch den linken Arm reißt er schon in der Türe hoch und schwenkt ihn wie ein Boxer, der in den Ring einzieht. Edward Tapper, zum Zeitpunkt der Verhandlung Anfang 1971 ist er 18 Jahre alt, hat am 22. August 1970 auf dem auslaufenden Hecktrawler »Vest Recklinghausen«, 984 BRT, ein Feuer gelegt, dem acht Menschen zum Opfer fielen. Der Beamte macht Edward Tapper von der Knebelkette los, Edward Tapper läßt sich auf die Angeklagtenbank fallen. Er gestikuliert und grimassiert, von den Photographen, für die sein Auftritt frisches Futter ist, mit »Bravo« und »Noch einmal genauso« angefeuert. Zuletzt fetzt er ihnen einen Satz hin, der mit »...ihr Fotzen« endet.

Das Gericht tritt ein. Alle stehen auf, nur der Angeklagte nicht, der sich in die Ecke der Bank drückt und den Kopf so tief senkt, daß er hinter der Umrandung verschwindet. Aus dieser Versenkung heraus schreit Edward Tapper in die Anwesenheitsfeststellungen hinein, mit denen der Vorsitzende beginnt. Als es darum geht, ob seine Eltern erschienen sind: »Meine Eltern kommen nicht. Ich hab's ihnen verboten.« Und in die Ecke gedrückt, gesenkten Kopfes, hinter der Umrandung der Angeklagtenbank versteckt, antwortet Edward Tapper auch auf die Fragen, die ihm gestellt werden.

»Von Beruf sind Sie?«

»Hampelmann!«

»Aber bitte, Herr Tapper, Sie haben doch einen Beruf.«

»Ich hab keinen Beruf.«

Edward Tapper ist – als Heranwachsender – wegen Brandstiftung mit Todesfolge und fahrlässiger Tötung in acht Fällen angeklagt. Der Erste Staatsanwalt Herbst, 43, trägt den Anklagesatz vor. Die Formeln, die der Staatsanwalt zu gebrauchen hat (»Ein Schiff, welches als Wohnung von Menschen dient...«), machen die Szene noch unwirklicher. Fragen zur Person, zur Sache, der Vorsitzende, der Landgerichtsdirektor Dr. Schoppmann, 60, stellt sie, er läßt sich von den Satzfetzen, die Edward Tapper ausspuckt, nicht irritieren. Sieben Schulklassen hat Edward Tapper absolviert, er ist zweimal sitzengeblieben, einmal wurde er zurückgesetzt, dann entließ man den Fünfzehnjährigen ins Leben. Herr Schoppmann gibt nicht auf, als der Angeklagte über seine schulischen Mißerfolge die Auskunft verweigert. Und so stößt Edward Tapper schließlich doch »Kein Interesse gehabt« hervor, weiter mit tief gesenktem Kopf – und läßt dem überraschend, kaum verständlich, die Worte »Was ich allerdings bereue ...« folgen. »Sie wollen ja jetzt vieles nachholen«, sagt Herr Schoppmann ganz ruhig, ganz selbstverständlich. Edward Tapper jedoch, und das bricht aus ihm heraus, das läßt einen zusammenfahren: »Das hat ja jetzt alles keinen Sinn mehr!«

Er wollte zur See fahren. Der Vater, der selbst Seemann gewesen ist, war dagegen. Edward, den alle »Eddy« nennen, sei zu klein, zu zierlich und zu schwach. Die Seefahrt sei zu gefährlich für ihn. Doch im August 1967 ging Edward Tapper, 15 Jahre alt, auf die »Uranus«, einen Fischdampfer der Reederei, bei der auch sein älterer Bruder arbeitete. Der Vater hatte nachgegeben, aber vorher hatte er auch noch gesagt: »Wenn Du erst mal den ersten Schritt getan hast, dann müssen wir das durchstehen.« Edward Tapper wollte auf Schiffskoch lernen und offenbar war er anstellig. Als einmal der Koch vor Kanada bei Nacht und auf See von Bord verschwand, machte Edward Tapper für den Rest der Reise den Koch so gut, daß man ihm versprach, man werde ihn in Zukunft als Koch anheuern. Er verdiente viel Geld, das er nicht zusammenhalten konnte: »Ich bin leichtsinnig gewesen.« Er war dort angekommen, wo er hingewollt hatte. Allerdings war nun alles ganz anders, als er es sich vorgestellt hatte.

Die Menschen, unter denen er an Bord lebte, waren hart, sogar roh. Sie tranken viel. Sie hatten eine Hackordnung, in der die Jüngsten ganz unten standen. Die Fangreisen dauerten Wochen und Monate. Der Hochsee-Fischfang kämpft um Rentabilität. An Bord der Trawler steht man nicht nur der See gegenüber. Man steht auch an der Front eines Berufes, dessen Zukunft dunkel ist. Edward Tapper befand sich in der Welt, die sein Ziel gewesen war, doch niemand hatte ihm gesagt, wie diese Welt beschaffen sein würde. Und nun half ihm niemand, in dieser Welt auszuhalten. Es gab nichts und niemand, wonach und nach dem er sich hätte orientieren können, keine Berufsschule und keinen Ausbilder, man brauchte ihn und so wurde er verbraucht, als wäre er ein erwachsener Mann.

Das Heimkommen war schön. Doch der Aufbruch wurde immer schwerer. »Kein Seemann geht gern auf See hinaus«, hat ein Zeuge in Bremerhaven gesagt. Edward Tapper war ein Jugendlicher, ein besonders kindlicher Jugendlicher sogar. Er hatte sich eingefügt und angepaßt und einen Platz erobert. Doch der Preis, den er nun zu zahlen hatte, war hoch: Ekel vor den Verhältnissen an Bord, Zorn über die Art, in der man mit ihm umsprang und eine zuletzt panische Angst vor dem Auslaufen. Äußerlich angepaßt, paßte ihm in Wahrheit nichts mehr, ohne daß er sein Nichtangepaßtsein ausdrücken oder abreagieren konnte. Sein Vermögen, sich zu artikulieren, war ohnehin gering.

In Edward Tapper reißt ein Zwiespalt auf. Wenn er an Land ist, trinkt er. Er gerät an das Jugendgericht: Benutzung eines nicht zugelassenen Mopeds ohne Führerschein, Diebereien in Kaufhäusern. Doch darüber wird erst in beträchtlichem, zeitlichem Abstand verhandelt. Edward Tapper ist ja immer wieder auf See. Der Jugendarrest, den er zuletzt zu verbüßen hat, steht für ihn in keinem Zusammenhang mehr mit dem, wofür er verhängt wurde.

Doch dieser Junge sucht zusammenzufügen, was in ihm auseinanderstrebt. Er schließt sich an Brigitte an, die in der Verhandlung in Bremerhaven, inzwischen 15 Jahre alt und kaufmännischer Lehrling, als Zeugin aussagt. Sie ist ein schlichtes Mädchen, doch ohne Bruch. Brigitte sorgt dafür, daß Edward Tapper nicht mehr zum Trinken loszieht, wenn er sie nach Hause gebracht hat. Sie ist der Mensch, der Edward Tapper dazu anregt,

Lehren anzunehmen und Lehren zu ziehen und zusammen mit einem anderen, eben mit Brigitte, Pläne zu machen. All das möchte der Junge ja in Wahrheit. Er spürt, ohne das ausdrücken zu können, daß ihn seine Anpassung und sein Erfolg in einem ihm unheimlichen Milieu, zu teuer zu stehen kommen. Er will zur Bundeswehr, zur Marine, eine Uniform – er ist ein Kind, gerade wenn er plant – soll wohl sein. Er will nachlernen, überhaupt endlich richtig lernen, Schiffskoch ist er bislang eher aus Intuition, er will sich langfristig verpflichten und mit dem Geld, das er dadurch bekommen wird, eine Existenz gründen, ein Lokal, das er zusammen mit Brigitte betreibt.

Im August 1968 hat Edward Tapper die Schülerin Brigitte kennengelernt und diese Bekanntschaft macht viel aus ihm in Richtung auf das, was aus ihm werden könnte. Diese Bekanntschaft beginnt aber nicht nur, ihn aus seiner unheilvollen Schein-Anpassung herauszulösen, aus der Außenseiterrolle eines für 40 bis 50 rauhe Erwachsene kochenden Jungen; sie schafft auch einen neuen Konflikt, denn zu einem glatten Schnitt, zu einem raschen Herauslösen, kann dem Edward Tapper auch Brigitte nicht helfen. So steht nun das Auslaufen nur noch schrecklicher vor ihm. Er will an Land bleiben, in Brigittes Nähe, dort, wo das immer greifbarer wird, was er wirklich möchte.

Im Juni und Oktober 1969 legt Edward Tapper auf den Fischdampfern, mit denen er ausläuft, Feuer, ohne als Täter ermittelt zu werden. Einmal entsteht ein Schaden von über hunderttausend, das andere Mal einer von 3000 Mark. Er will das Auslaufen verhindern, was so zu verstehen ist, daß er nicht länger fortlaufen, sich nicht weiterhin heillos anpassen will; er kann das nur noch nicht ausdrücken und durchsetzen, und so drückt er sich durchs Feuerlegen aus, versucht er durch einen Schiffsbrand durchzusetzen, was er anders noch nicht durchsetzen kann. 1969 geht er in Island von Bord, wird zurückgeflogen, gerät aber für den Flugpreis bei der Reederei in die Kreide.

Damals will der Vater zum erstenmal gehört haben, daß Edward nicht mehr auf See wollte. Am 22. August 1970 schickt die Reederei ein Taxi, sie braucht einen Kochsmaat, Edward Tapper soll kommen, man will ihn auch wie einen Koch bezahlen und von der Heuer soll ihm nur ein Teil seiner Island-Schuld abgezogen werden. »Eddy, mein Junge, so eine Chance bekommst Du nie wieder«, sagt der Vater. Und so paßt sich Edward Tapper noch einmal an. Telephonisch versucht er, Brigitte zu erklären, warum es dieses eine Mal doch noch sein muß. Richtig kann er das nicht erklären, es ist ja auch nicht richtig, daß er wieder ausläuft, nachdem er sich in Island endlich entschlossen hatte und von Bord gegangen war. Er muß fürchten, Brigitte zu verlieren, weil er ihr nicht erklären kann, was er tut. An Bord fühlte er sich dann gleich vom Koch beleidigt. Mit dem will er schon gar nicht auf eine Fahrt gehen, die er ohnehin nicht will. Er zündet in der Mannschaftsmesse einen Karton an. Acht Menschen sterben.

Edward Tapper haßt sich seit dem 22. August 1970. Er hat sich selbst schon strenger verurteilt, als man ihn verurteilen kann. Er kann nur noch aggressiv sein, denn sein einziger Feind ist nun er selbst. Es müßte sich jemand finden, der Edward Tapper so begegnet, wie der Vorsitzende, wie der Richter Schoppmann.

Brigitte hat ausgesagt und ging zur Tür, 15 Jahre alt und kaufmännischer Lehrling, der Kopf des Jungen war wieder hinter der Umrandung versunken, er versteckte sich. Doch dann schlug es über ihm zusammen, und er richtete sich auf, hastig und verstohlen zugleich, drehte sich um und sah den Rücken des Mädchens noch einmal in der Tür. Edward Tapper hat mehr Menschen auf dem Gewissen als Jürgen Bartsch. Von Gewissen spricht man gern, wenn von dem die Rede ist, was andere sich aufgeladen haben.

Zu acht Jahren Jugendstrafe wird Edward Tapper verurteilt. Über die Rechtsmittel belehrt, erklärt er: »Ich nehme das Urteil an, aber ich möchte lieber zum Tode verurteilt werden.« Das Gericht hat Edward Tapper für schuldig befunden, »aus nichtigem Anlaß eine der schwersten Schiffskatastrophen in der deutschen Hochseefischerei« verursacht zu haben. Doch es meint, eine Resozialisierung Edward Tappers sei noch möglich. Er habe Reue gezeigt.

Die »Vest Recklinghausen« sei von ihrer Konstruktion her »auf einen Brand zugeschnitten« gewesen, hatte ein Sachverständiger vorgetragen. Und der Sachverständige hatte auch gesagt: »Das Vorschiff glich einem gut ausgetrockneten schwimmenden Holzlager.« Die Bullaugen waren zu klein. Die Besatzung bestand aus deutschen und portugiesischen Seeleuten, die das Schiff nicht kannten. Für die Brandbekämpfung war niemand hinreichend ausgebildet. Drei »Seeleute« befanden sich zum ersten Mal auf See. Mindestens die Hälfte der Besatzung war, als das Schiff auslief, betrunken, wenn nicht gar volltrunken. In Bremerhaven hörte man einiges über die Schlangenlinien, in denen Fischdampfer nicht selten auslaufen und man erfuhr auch, daß manche von ihnen nicht auslaufen könnten mangels einer Besatzung, wenn sie nicht eben eine sturzbetrunkene Besatzung an Bord hätten. Vor Gericht war die Rede von dem »eiskalten Berufsklima auf einem Fischdampfer, das nahe an der Grenze der Kriminalität liegt«.

Nach dem Brand erhielt die »Vest Recklinghausen«, deren Inneneinrichtung bislang leicht brennbares Material in Fülle enthalten hatte (Resopal, Limbaholz, Plastikvorhänge und Bänke, die »auf Nitrolackbasis« gestrichen waren), eine weniger gefährliche Ausstattung, auch wurden die Bullaugen vergrößert und andere Um- und Einbauten vorgenommen, die der Sicherheit dienen. Nach ihrer Wiederherstellung war die »Vest Recklinghausen« ein Schiff, das allen Sicherheitsbestimmungen entsprach. Diese Sicherheitsbestimmungen waren erst nach Indienststellung der »Vest Recklinghausen« in Kraft getreten, doch für die Reederei nicht zwingend gewesen, der lediglich auferlegt worden war, das Schiff auf den Stand dieser Sicherheitsbestimmungen zu bringen, wenn sich einmal die Notwendigkeit eines größeren Umbaus ergab. Diese Notwendigkeit hatte sich nun ergeben. (Die Schwesterschiffe der »Vest Recklinghausen« hatten übrigens weiterhin auf einen Anlaß zu warten, bis sich auch für sie die Notwendigkeit eines Umbaus ergab, der sie auf den Stand der Sicherheitsbestimmungen brachte. Der bedrängten Hochseefischerei sollen zusätzliche Unkosten so lange wie möglich erspart bleiben . . .).

Das Gericht sprach zutreffend von einem »nichtigen Anlaß« in seiner mündlichen Urteilsbegründung. Fast immer sind die Anlässe, gelegentlich derer es in der Entwicklung eines Kindes, eines Jugendlichen oder eines Heranwachsenden zu einer Katastrophe kommt, nichtig – freilich sind sie das nur aus unserer, der sogenannten Erwachsenen Sicht. Für Edward Tapper ging dem, worin wir die Katastrophe sehen, eine ganz andere Katastrophe voraus. Für ihn stand, als er noch einmal ausfahren sollte, der Bodensatz Bindung und Planung auf dem Spiel, den zu sammeln ihm endlich gelungen war. Für ihn bestand die Katastrophe darin, daß dieser Bodensatz plötzlich gefährdet schien. Er meinte, ihm könne für immer verloren gehen, was er endlich aus sich und für sich gewonnen hatte. Er wollte eine Katastrophe abwenden, als er eine Katastrophe verursachte. Und der Bodensatz von einem Ich, den Edward Tapper hatte sammeln können, war für ihn kein geringes Gut, sondern das einzige, das er je errungen hatte. Und dieser Bodensatz personifizierte sich für ihn in Brigitte: Fuhr er noch einmal aus, so wurde er für alle Zeit von ihr und damit auch von sich geschieden. 18jährig stand er vor Gericht. Mit 18 weiß man noch nicht, wie viele Schattenlinien einem bevorstehen. Man meint noch, es gebe einen Augenblick, in dem man alles gewinnt oder alles verliert.

Mit den Entwicklungskrisen ihrer Jugend kennt diese Welt kein Erbarmen. Es legt einer ein Feuer, um das Auslaufen eines Schiffes zu verhindern. Er hat schon zweimal durch Feuer das Auslaufen seines Schiffes verhindern können. Warum soll es nicht ein drittes Mal gelingen? Doch die Welt, die ihm bereits die Erbarmungslosigkeit erwies, ihn beim ersten und beim zweiten Zündeln nicht zu ertappen und die ihn damit um die Chance brachte, als ein Verstörter erkannt und behandelt zu werden – sie vernichtet ihn nun, indem sie ihn das dritte Feuer auf einem Schiff legen läßt, das ein schwimmendes Holzlager, von den Sicherheitsbestimmungen unberührt und mit Betrunkenen bemannt ist, die ihr Schiff nicht kennen, soweit sie nicht sogar unterwegs sind, die See zum ersten Mal kennenzulernen.

Die Jugendkriminaliät, deren Zunahme wir beklagen, steigt so unausweichlich an, wie sich eine antike Tragödie ihrem Höhepunkt nähert. Denn die Krisen in den Entwicklungen der Kinder und Jugendlichen haben heute keinen Spielraum mehr. Es kommt zu einer Krise – und schon kollidiert diese Krise und stellt sich als »strafbare Handlung« dar. Kinder und Jugendliche können nicht mehr lernen, zu handeln. Sie versuchen zu handeln – und schon haben sie eine Handlung ausgelöst, über die verhandelt wird. Edward Tapper glich vor Gericht einem Kaspar Hauser, der aus dem Dunkeln in ein Licht geriet, das für ihn nichts als Finsternis ist.

KLAUS
ICH DENK, IHR WERDET MICH NOCH SEHN

Als die Gespräche mit ihm geführt wurden, war Klaus, durch die Brille der Arbeitsstatistiker betrachtet, berufs- und arbeitslos. Er lebte allein in einer dunklen Ein-Zimmer-Wohnung der Altstadt, schlug sich mit Aushilfsarbeiten durch und suchte nach einer Schule, um die Mittlere Reife nachzumachen. Vergeblich – die Schulen am Ort verweigerten sich: Mit 21 Jahren sei er zu alt und gefährde, da er in der Vergangenheit verschiedene Schulen »freiwillig« verlassen habe, doch nur den Schulfrieden. Tatsächlich hat Klaus seinen Hauptschulabschluß als Externer gemacht. Von seinem Zimmer aus. Denn in der Schule, als einer Institution, hat er nie Fuß gefaßt.

DIE TAGE, WIE SIE SIND. Für mich gibt's zwei verschiedene Tage. Der eine Tag ist also der Tag, wo ich gelähmt bin und depressiv, und was geschieht dann? Irgendwo geht die Zeit immer rum. Dann hör ich Platten, oftmals ziemlich laut, manchmal dirigier ich, so Klassiksachen oder so, und manchmal sing ich Lieder mit. Und dann hau ich manchmal ab in die Stadt, kauf was und so, und geh in's Café. Ab und zu geh ich auch zu Siglinde, und dann komm ich ziemlich spät nach Hause. Und dann gibt's Tage, wo ich stundenlang vor einem Buch sitze oder Gedanken aufschreibe und Sachen sortiere. Aber so die Bude aufräumen, das mach ich immer blitzschnell. Ich hab's also gern, wenn's ein bißchen ordentlich zu Hause ist, wenn's nicht so dreckig ist. Obwohl bei mir nicht so ein Ordnungscharakter drin ist. Oft sitz ich dann da, rauch wie ein Schlot und les viel und mach Pläne. Dann mach ich mir noch 'nen Kaffee. Also ich trink da am Tag drei, vier Tassen Maxwell, der geht mir auch langsam auf die Nerven. Fernseher hab ich abgeschafft und Radio hab ich im Augenblick auch keins.

KRISEN UND ZIELE. Ich würd also sagen, daß ich in meiner Grundstruktur gleich geblieben bin, daß ich aber in den letzten Jahren mehr Erkenntnis gekriegt hab. Wesentlich mehr Bewußtsein. Das würd ich sagen. Irgendwo, daß ich schon immer so meine Linie hatte. Das glaub ich schon. Also, manchmal hab ich das Gefühl, daß ich mich auf immer irgendwo gleich bewegen würde. Aber das glaub ich nicht. Und dann, dann hab ich, ich hab bestimmt viel Krisen gemacht. Also mir kommt das Leben irgendwo so in seinem Tun sehr eintönig vor. Ja. Weil man da ja auch irgendwo schlecht ausbrechen kann. Und darin hab ich wahnsinnig viel Krisen erlebt.

Ob ich dann an mir selbst gearbeitet hab? Also ich hab nicht bewußt an mir gearbeitet. Das ging einfach vonstatten. Das ging so von innen raus. Ich konnt mir nie sagen: Jetzt mußt du arbeiten, so an dir. Das war irgendwie so ein Zwang, der hat mich eher gelähmt oder so was.

Das ist übrigens eine allgemeine Auffassung von mir, daß man am meisten nur durch die Intuition erreicht. Irgendwo aus sich heraus. Aus diesen Gedankensprüchen – aus dem Innersten irgendwo. Daß man nur da am meisten holt. Und nicht so bewußt an mir arbeiten und so. Dabei ist auch eine Sache: Disziplin. Das konnt ich bis jetzt noch nicht. So daß ich Zielsetzungen hatte oder so was. Ich hab zwar auch Ziele. Und zwar ziemlich große. Aber nicht in der Art, wie man sie sonst hat. Also mir ist es egal, ob ich ein Auto fahr oder nicht. Ob ich ein Haus krieg oder nicht. Aber ich würd gern meine Eltern beerben. Das ist mir schon ganz lieb. Aber mich dafür aufzuopfern, da hab ich keinen Bock mehr zu.

ERFOLGE IM LEBEN. Das beurteil ich also erstens nach dem Gefühl, ob ich mich, ob ich das Leben voll lebe. Und das ist eben nicht der Fall. Und dann tu ich's auch darin z. B., daß – also die Schule, die Gesamtschule ist ein Beispiel – daß ich damals diesen Zirkusdirektor gemacht hab, und den muß ich ganz gut gemacht haben, das war für mich ein Erfolgserlebnis, das hab ich auch geliebt irgendwie, dieses Klatschen, diese Begeisterung der Leute irgendwo. Das war für mich Erfolg. Ich war auch immer froh, wenn ich 'ne 1 geschrieben hab. Oder so was. Das war mir schon irgendwie lieb. Und Erfolg ist für mich auch, wenn mich Leute verstehn. Das gibt mir so das Gefühl irgendwie, die kennen mich: aber richtig. Die kennen mich nicht nur so. Das ist für mich ein Erfolg. Erfolg hab ich eigentlich auch in kleinen Bereichen, nämlich wenn ich was lese und so und gemerkt hab, daß ich das durchticke und danach sogar wiederholen kann oder auch später. Das ist für mich auch ein Erfolg. Weil: Bücher, die haben immer Charakter.

Ob andere Leute das beachten? Ich finde, die beachten das viel zu wenig. Meine Eltern zum Beispiel, die haben das sehr wenig beachtet. Da war das gut, die ham sich momentan gefreut, aber so direkt irgendwo, daß sie das ausgedrückt hätten oder daß man das Gefühl hätte für längere Zeit, das war nicht der Fall. Zum Beispiel auch heute: Du kannst im Erfolg stehn, und wenn du dann fünf Minuten keinen Erfolg mehr bringst, später, dann wirst du automatisch vergessen, egal wie groß der Erfolg war. Irgendwo werden dann mal deine Memoiren erscheinen oder so was, wenn's das gibt, aber dann biste vergessen. Man muß da schon ganz groß sein. Aber so sieht's reell aus irgendwie, dann wirste vergessen.

FERTIGE MENSCHEN. Ich hätt Angst davor, fertig zu sein. Weil, da hätt ich das Gefühl irgendwo: Jetzt ist es aus. Jetzt biste fertig, jetzt ist nix mehr da.

Und so kann's doch nicht sein, so kann's doch nicht aussehn. Deswegen also, fertig fühl ich mich nicht. Ich würd z. B. überlegen, ob das andere denken, daß sie fertig wären. Ich glaub, die denken da gar nicht mehr dran. Ja. Die nehmen das so hin, wie's geschehen ist. Und haben da so gewisse Anhaltspunkte, wo sie drauf hinarbeiten. Aber irgendwo sind sie fertig. Im Schema sind sie fertig. Ja. So soll's aussehen: die Wohnung soll so aussehen, das soll mal alles so sein. Das sind zwar alles noch ihre Pläne, würd ich sagen. Aber eigentlich sind sie schon so fertig. In zweierlei Beziehung: einmal für sich selbst und einmal mit der Welt.

MEHR DURCHBLICK HABEN. Das ist ein bißchen unverschämt zu sagen, ja. Aber – ich würd also sagen, daß ich geistig mehr durchblicke, daß ich aber anderseits in den Leuten auch teils wieder so Beneidungspunkte seh. Wenn ich z. B. seh, daß sie also – sagen wir mal als Beispiel genannt – Frauen besser aufreißen können. Eine Sache, die konnt ich nie. Und das geht mir heute noch so. Ich kann Frauen nicht so irgendwo. Ich frag mich immer: Wie läuft das da ab oder so. Aber mehr Durchblick? Eben in dieser Struktur von Leben, wie das bürgerlich aussehen soll und vielleicht auch für mich. Und daß ich mit meinen Gefühlen auch z. B. bewußter lebe irgendwo, das glaube ich also. Daß ich, auf Werbung z. B. angesprochen: Ich find Werbung raffiniert und irgendwo fast auch manchmal schön, und weiß aber damit umzugehn, weiß mich also dem zu erwehren.

ÄNGSTE, AUFGABEN. Konkret ist für mich diese Angst, irgendwo abzuflachen, aufgrund von Resignation oder so was, das ist eine höllische Angst, da brennt's in mir. In diesen Sog zu geraten und dann irgendwo von mir was aufgegeben zu haben. Oder wirklich diese Grenze überschreiten und frei werden darin, daß ich eben mir selbst nachgehe. Und daß ich mir auch sicherer werde dann. Also einen Weg, den man dann allein geht oft, leider.

Und Aufgaben? Die Mittlere Reife z. B., die will ich machen. Ich will dann auch noch weiter machen. Und – dann dieses Jobben z. B., das hängt mir im Moment auch an der Seele. Und was ich bewältigen will: Daß ich mir einen anderen Bezug schaffe irgendwo. Daß ich gewisse Dinge jetzt abstreife, endgültig Schluß mach, kompromißloser werde. Nicht alles erdulde, ja. Sondern eher, lieber dazu neige, mehr alleine zu sein, aber dafür mich weniger zu verraten. Ich hab das Gefühl, daß ich mich dadurch verrate, daß ich zu viel Kompromisse eingeh. Das ist eine Sache, die ich bewältigen muß.

Dann meinen Narzißmus muß ich ein bißchen bewältigen.

Daß ich mich mehr diziplinier, das ist mir auch sehr wichtig. Daß ich also geduldsamer werde. Das halt ich für eine wichtige Sache.

Und daß ich tugendhaft werden will oder so was. Weil ich das für sehr hoch ansehe. Ich glaub z. B., diese Tugendhaftigkeit, das glaub ich, daß man grad nur durch sie irgendwo im Grundprinzip richtig handelt. Nicht durch das Gefühl von Aggression und Hassen, was ich sehr gut versteh, sondern eben durch 'ne Liebe oder so was. Das soll um Gottes willen nicht so Jesus Christus sein. Nee. Sondern einfach Ehrlichkeit und Wahrhaftigkeit. Und eben diese Kompromißlosigkeit und so viele Dinge. Daß man aus diesem Standpunkt heraus auch für die Leute sensibler wird und auch irgendwo sich ihnen gut vermitteln kann. Ohne irgendwie schizophren zu erscheinen. Das ist ja oft so. Die Leute sind aggressiv und wollen die Liebe. Das geht irgendwo nicht. Wenn man die Liebe will, muß man irgendwo für sich auch lieb sein.

Daß ich auch mehr Selbstvertrauen krieg, Selbstsicherheit, das ist mir auch eine wichtige Sache. Und daß ich dann den Leuten auch nicht erscheine als irgendwo ein Spinner oder abstrakt.

UNSICHERE ZEITEN. Früher hatt ich mehr noch auch so träumerische Gefühle, auch Bezüge zu Personen irgendwo. Nur, 'ne Zeitlang ist das so abstrakt geworden. Auch heute. Das ist traurig irgendwo. Ich glaub, das geht jedem so. Als Kind hat man viel schönere Vorstellungen. Da ist der Rasen für einen Urwald irgendwie. Man spielt da mit dem kleinen Auto drin. Und für den Erwachsenen ist das also irgendwo nur noch ein Rasen, über den man geht, der gar keine Schönheit mehr hat oder so. Das war als Kind ganz anders. Und das war in den letzten Jahren auch so. Zum Beispiel dadurch, daß das Problem der Sexualität ziemlich stark war. Aber heute ist's sehr rational fast und nicht mehr so verträumt. Und ich find dieses Träumerische aber doch schöner irgendwo. Ja.

Das Problem z. B. früher war auch, daß ich halt wesentlich unsicherer war als heute. Einen roten Kopf gekriegt hab oder so was, was mir heute eigentlich auch noch so geht ab und zu. Aber – ich schäm mich fast auch, das ein bißchen zu sagen, einfach weil ich glaub, daß das falsch verstanden werden kann. Ein roter Kopf ist auch nicht allein nur ein roter Kopf. Der ist nicht alleine eine Verklemmung oder Hemmung. Oder wenn ich z. B. unsicher bin, ja, und das übertrage: Wenn ich unsicher bin, dann ist das ein Ausdruck, daß wir in unsicheren Zeiten sind. Wenn ich verklemmt bin, ist das ein Ausdruck, daß wir in verklemmten Zeiten sind. Daß wir auch ständig eingeklemmt werden. Daß wir nirgendwo frei sein dürfen. Ja. Und dementsprechend ist das nicht bloß einfach eine Erniedrigung, wie man vielleicht ja oftmals glaubt. Dagegen wehr ich mich auch, und deswegen macht mich das frei.

INNERE ZWÄNGE. Manchen möchte ich gern zeigen irgendwo: Hier, da ist was in mir. Ich bin nicht einfach jemand, der über die Straße geht oder so. In der Straße merk ich das auch ab und zu. Wenn ich durch die Straße geh, sag ich mir irgendwie, ich bin nicht irgendeiner, der durch die Straße geht. Sondern: Ihr werdet mich noch sehen! Ja. Nicht irgendwie im diktatorischen Sinne à la Hitler, sondern gut.

Bei meiner Mutter war das ja immer so, da hab ich mich irgendwo unter Druck gefühlt. Ich hab das nicht als Druck definiert, das war vielleicht auch weniger Druck als vielmehr ›es ihr recht zu machen‹. Irgendwo ihr die Probleme mit mir abzunehmen. Sie nicht zu enttäuschen. Das war also für mich sehr stark. Und das hat mich natürlich immer wieder getrieben. Und das war dann auch in der Schule so. Das ging ja bei mir so weit, daß ich in die Kirche gegangen bin und gebetet hab: Ach, laß es mindestens 'ne 4 werden! Gib mir doch einmal diesen Traum! Warum muß ich denn immer Ärger haben, ich mach's doch nicht absichtlich. Ja. Sondern ich will's doch recht machen. Das ist doch gar keine böse Absicht, die schlechten Noten zu schreiben.

Ja, ich glaube, daß viele Sachen unbewußt bei mir noch irgendwo auch Zwang ausüben. Zum Beispiel: Wenn ich also durch die Straßen gehe, da gibt's also in sehr unsicheren Zeiten in mir diesen Zwang auch wegen der Kleidung. Da sag ich mir irgendwo: die Hose, die ich heute anhab, die ist ja wahnsinnig dreckig irgendwo. Und da sag ich mir, die könnte ruhig sauberer sein. Aber das konkretisiert sich heute mehr. Das konkretisiert sich auf einer Seite, daß ich ein bißchen mehr Stil für Kleidung krieg, was nicht heißt: angepaßt. Ja. Und die andere Seite ist eben, daß ich auch sag: Ich hab jetzt halt keine andere, was soll ich denn tun? Soll ich mich deshalb von euch irgendwo beeindrucken lassen? Soll ich deshalb verrückt werden? Oder so was. Nee. Das ist auch so unwichtig dann. Aber dieses provozierende Verhalten von früher ist mehr umgeschwungen in – zu sagen halt: Hier, in dem Bezug ist es nicht mehr so wichtig.

EIN GEFÜHL VON VERSPÄTUNG. Manchmal habe ich so das Gefühl: man sieht mich nie mit 'ner Frau. Ja. Und das bringt ja irgendwo bei manchen Leuten 'nen Gedanken hervor. Das denk ich also schon. Und manchmal denk ich z. B.: Mann, ich bin also jetzt 21 und könnte das und das schon haben. Also nicht: könnte das und das schon haben in bezug auf Materiellem. Aber ich könnte studiert haben oder so was. Und das hab ich noch nicht. Ja, und das gibt irgendwo, das gibt so ein Gefühl von Verspätung, ein Gefühl von – vielleicht ist das mein Los oder mein Schicksal – von Scheitern. Das hab ich manchmal. Also daß ich das so messe. Aber dann denk ich z. B. daran, daß sogar Leute mit 50 Jahren plötzlich was ganz anderes gemacht haben in ihrem Leben. Und dann seh ich eigentlich gar keine Veranlassung, irgendwo beunruhigt zu sein.

Ich könnte mich also gekränkt fühlen, wenn ich jemanden sehe, der jetzt schon studiert und trotzdem dabei noch verklemmt ist und noch bürgerlich und dabei sich erhebt, verstehst Du, da fühl ich mich gekränkt. Und auch bei Brecht. Was hat der schon mit 20 gemacht. Dieses mit Brecht tut mich natürlich stichen irgendwo. Aber dann denk ich wieder, also da hab ich, als ich dieses *Brecht in Augsburg* da angefangen hab zu lesen, seine Schülerzeit bis zum Medizinstudium und so, da hab ich das eher als Orientierung angesehen. Ja, so hat er's gemacht. Wie hat er damals gelebt? Wenn ich jetzt so andere Leute seh, die, sagen wir, jetzt schon Geld verdienen, 1000 Mark, 1200 Mark, da sag ich: Mann, die Leute kommen in ihrem Leben nicht weiter als bis 1700 Mark oder so was, netto. Und – es ist auch nicht das nur allein, was ich will: Geld. Gott, ich mein, im Augenblick leb ich noch ein bißchen unsicher. Natürlich möcht ich nicht noch schlechter leben als ich jetzt leb, das ist klar. Aber: mir ist mein Ziel viel zu hoch, als daß ich es jetzt aufgeben sollte oder so.

ETWAS HINTERLASSEN. Den ersten Gedanken, den ich dazu hege, ist eben zu sagen: Der Mensch, der hat einen gewissen Zeitraum. 70 Jahre. Du wirst geboren. Und diese 70 Jahre im Vergleich zu den Milliarden Jahren, die es ja schon gibt, die sind verschwindend gering. Darum will ich älter werden. Ich will 100, ich will 1000, ich will 5000 Jahre alt werden. Aber dann ist das für mich fast sinnlos zu leben, wenn ich so denk. Ja, dann denk ich: die 70 Jahre, die kannste ja ganz schnell beenden. Nimmst einen Strick oder so was. Biste weg. Das denk ich also öfters. Und dann, als ersten Sinn würde ich z. B. auch sagen, daß ich was hinterlasse von meinem Leben. Was ich mal irgendwo gehört hab, was andere mit ihren Kindern tun, daß sie Kinder auf die Welt setzen und glauben, sich zu hinterlassen und so was. So etwas will ich vielleicht mit Werken. Mit Getanem, an das sich viele Menschen erinnern. Ich glaub also, daß ich sehr intensiv mein Leben leben kann. Zum Beispiel so, da bin ich vor kurzem erst weitergekommen, wenn der Dali halt sagt irgendwo: wenn ich tot bin, steigen ich und meine Frau als Erzengel in den Himmel.

ZWEIFEL: Also andere Menschen können mich nicht bezweifeln, nicht in Frage stellen. Weil die ein größeres Fragezeichen sind als ich. Ja, ich stell mich auch irgendwo ständig unter Frage. Das ist klar. Ich tu also vieles von mir verwerfen und das ist eben so dieses, daß man sich irgendwo auf Fragen niemals konkrete Antworten geben kann im Augenblick. Das kann man nur durch absolutes Bewußtsein. Das ist 'ne Sache, die irgendwo depressiv macht. Daß man nicht irgendwo so sich konkret was geben kann. Das flippt auch aus. Sondern daß man irgendwo da wieder verschwindet. Drum lieb ich die Wissenschaft. Da ist ja das Schöne von Wissenschaft, daß sie dem nachgehen will, daß sie das absolut erkennen will, begreifen will. Ich frag mich z. B. in bezug auf meinen Sinn des Lebens, frag ich nach dem Sinn der andern. Was sie denken, die um mich herum. Die ich also oftmals ziemlich unten einstufe. Nicht aus Arroganz, wohlweislich, sondern weil ich davon auch überzeugt bin. Und ich glaub, daß die nicht ausflippen, obwohl sie doch reell mehr Grund hätten als ich, liegt einfach daran, daß sie ein zu kleines Bezugssystem haben. Sie haben ihre festen Kategorien, und darin denken sie nur noch. Es gibt zwar diese Art midlife crisis oder wie das heißt, ja – die fallen dann natürlich sofort in Depression, das ist klar. Aber dann tun sie sich einfach wieder aufraffen, daß sie sofort in ihr Bezugssystem wieder zurückkehren und daß sie ständig verdrängen. Ja. Die meisten, die leben einfach so hin so. Obwohl, was ich eben gesagt hab, gibt mir noch lang nicht eine Antwort darauf, wie die leben. Wie ihr Sinn ist. Ich glaub, das ist ja noch viel, viel, viel mehr. Das kann ja nicht allein irgendwo so eine Verblendung sein.

ERWACHSEN SEIN – JUNG SEIN. Also mit dem Erwachsensein tu ich – drum ist vielleicht die Frage auch so schwer – mit Erwachsensein tu ich als erstes so 'ne Beschränktheit definieren, 'ne Resignation, eine Festgefahrenheit, 'ne Monotonie, gesellschaftliche Pflichten. Alles so Sachen tu ich damit definieren. Und auch so was wie: Jetzt ist man gesetzter, jetzt hat man sich so zu benehmen. Mit viel Falschem tu ich Erwachsensein definieren. Und Jugend eben, Jugend ist für mich ein Zwischenstadium zwischen Kindheit und Erwachsensein. Und deswegen mit gemischtem Gefühl betrachte ich das. Also einerweise ist für mich da auch ein Körpercharakter drin in Jugend. So, Jugend ist noch hübsch. Noch schön, begehrenswert. Und dann ist in der Jugend selber noch so was Labiles drin. Nämlich einerseits raus aus der Kindheit. Andererseits dieses Wehren gegen dieses Erwachsensein.

Mit zwölf Jahren z. B., glaub ich, daß die Kindheit noch einmal sehr frei wird und sehr beeinflußbar. Und dementsprechend die Möglichkeit ist, sich noch zu ändern. Da sieht man noch, wie die raus wollen. Gegen's Elternhaus stürmen, und auch gegen die Pflichten außerhalb. Und ihren Freiraum wollen. Und dann sieht man aber, wie sich das immer mehr umkehrt, wie das stückchenweise verlorengeht, und dann damit kompensiert wird, daß der Jugendliche ein entmenschlichtes Verhalten kriegt – und dann wird er erwachsen. Dann bleibt er noch zwei Jahre in diesem entmenschlichten Verhalten, da ist vielleicht noch mal die Möglichkeit, ihn zurückzuholen. Ja. Aber dann verfestigt er sich. Und dann wird er erwachsen. Ein Zeichen von Entmenschlichung, das sieht halt so aus, daß sie beharrlicher werden, arroganter, nicht mehr so Gefühle zugeben können, sondern dahinter Mißtrauen liegt. Gell. So ein Mißtrauen. Aber Jugend ist 'ne schöne Sache. Ich bin also wirklich am Überlegen, bin ich nun Jugendlicher oder Erwachsener oder Heranwachsender. Aber ich finde den Begriff ›Heranwachsender‹ schrecklich. Das ist ein Begriff aus Gesetzbüchern. Und nehmen wir mal 'ne andere Gesellschaft, wo man auch altert, aber wo es solche Begriffe nicht gibt. Was würde man da sagen zu jemand, der mein Alter erreicht hat? Ich selber würde sagen: Das ist der Klaus. Oder, ich würde sagen: Wie fühlst Du Dich? Ja. Als Begriff von Prägung oder so was. Irgendwo denk ich auch z. B., wenn ich Jugendliche und mich dann seh, da denk ich irgendwo, vielleicht hätt ich vieles doch anders machen sollen. Mehr das, was ich hätte erleben sollen, erleben. Ja, ich hab ja vieles nicht erlebt, ich war also immer irgendwo, immer irgendwo ein bißchen außenseiterisch.

DIE ERWACHSENEN. Früher waren Erwachsene für mich mehr so eine Übermacht. Gegen die ich mich nicht wehren konnte. Auf die ich sauer war, die für mich blöd waren. Während heute, da seh ich die ironischer. Da muß ich über die lächeln. Ich find sie traurig, wie sie da rumlaufen. Ja. Und früher waren sie für mich unbegreiflich. Da konnt ich sie nicht verstehen: Wieso denn, wieso seid ihr denn so? Das kann ich heute auch noch nicht.

Erwachsene. Das sind eigentlich Kinder! Also nicht Kinder im guten, sondern im negativen Sinn. Das kann man doch nicht Reife nennen, so was. Das kann man nur Verblödung nennen. Das kann man also: stehengebliebene Uhren nennen. Und so was in der Art. So hab ich gedacht. Ich hab sie also auch nicht akzeptiert. Ich akzeptier sie heute auch noch nicht. Und umgekehrt. Was meinen die Erwachsenen von mir?

Ja. Mit vierzehn. Da hab ich noch kein Zutrauen bekommen. Und jetzt plötzlich, jetzt in meinem Alter plötzlich, tut man mich so in die Kategorie einstufen: gebrauchsfähig. Ja. Jetzt ist er fähig, allein zu arbeiten, jetzt kann er die und die Aufgaben erfüllen. Also das Gefühl hab ich sehr stark. Also ich merk das, wie man jetzt so in den Gebrauchscharakter kommt. Wie man jetzt so vollgedrängt wird mit Sachen, was man zu tun hat. Während man früher eigentlich ständig nur bevormundet wurde.

KLASSENLAGE. Wo ich hingehör? Ich gehör zwischen Unterschicht und Mittelschicht. Würd ich sagen. Aber ich komm aus der falschen Mittelschicht. Also unter den gegebenen Bedingungen würde ich sagen, aus dem falschen Mittelstand. Meine Eltern, die ham sich also ein Haus gebaut, das nach der architektonischen Konzeption ein ziemlich billiges Haus ist, einfaches Haus, also gar nichts Schönes daran. Das sie aber so belegen mit so 'nem Wertcharakter wie für 'ne Villa. Was es ja absolut nicht ist. Das nenn ich falsch. Oder daß sie 'nen Pelzmantel haben jetzt und den betrachten, als sei das ein

Chinchilla oder wie man die Dinger nennt. So Hermelin oder so was, was es ja auch nicht ist. Und genauso ist's dann bei denen auch mit Theaterbesuchen oder so was. Dann schmeißen sie sich in ihren Dings, meine Eltern, so in diesen Frack, der aber von der Stange kommt. Und dann so komisch gucken und ständig irgendwo Niederlagen einstecken müssen, weil sie sich ständig vormachen müssen, sie seien was Besseres. Und dann auf die anderen hetzen und so. Ich selber, also ich selber für mich, will klassenlos sein.

Und wenn, dann neige ich eher also zu der Klasse so Künstler und Intellektuelle, aber – das alles sollte Einheit werden. Aber eigentlich bin ich Außenseiter. Eigentlich bin ich eine Klasse für mich selbst.

JUGEND-KLASSEN. Erstens fallen mir dazu Rocker, Shit-Leute, auch andere Sachen ein. Da gibt's nämlich Unterschiede. Es gibt also wirklich, das sind also Leute, die wirklich nicht in dieser Gesellschaft leben möchten. Ich würd also Kriminelle, würd ich ohne weiteres für eine eigene Klasse halten. Und dann gibt's auch jugendliche Falsch-Klassen. Das sind solche, die so 'ne Zeitlang in Diskotheken verkehren, aber die Diskotheken sind im Grundprinzip nach bürgerlichen Normen aufgebaut. Der größte Teil der Jugend bildet für sich zwar einen Raum, der aber durchzogen ist von bürgerlichen Normen. Die langsam dann immer mehr zum Gleichen werden, was die Erwachsenen da oben machen. Die ändern sich immer mehr, dann werden die Kneipen ab dem und dem Alter nicht mehr besucht, und dann plötzlich sieht man sie an dem anderen Tisch, wo die Eltern sitzen, und dann sitzen sie zusammen, und dann halt in so Pärchen, und dann sind sie plötzlich voll im bürgerlichen Milieu. Also 'ne richtige Klasse für sich haben sie eben doch nie gebildet. Nur so 'ne Übergangsklasse oder so was.

SELBSTÄNDIG SEIN. ANLEHNUNG. Das ist eine schöne Frage. Also mir ist es in erster Linie wichtig, selbständig zu sein. Und das bedeutet aber ständig auch Kampf. Während das andere bedeutet, sich quasi an jemanden lehnen zu können, ohne nachdenken zu müssen – verstehst Du – mitgenommen werden, mitgeschleift werden. Immer weiter, los, kommst mit, gehst heut mit in die Kneipe, kaufst dir denselben Rock, wir gehn jetzt zusammen. Irgend so eine Anlehnung wünscht man sich schon. Aber Anlehnung und Selbständigkeit sind auch gleichzeitig da, wenn ich mir z. B. wünsche, einen Jungen wahnsinnig zu lieben. Und mit ihm zusammenzusein, mit ihm den Weg gemeinsam zu gehen. Ich will es auch. Ich will eigenständig Person werden, ich will nicht dieses Denken übernehmen. Dieses Denken der anderen. Das ist ja kein Denken, das ist ein einfaches Hingeben an die Zeit. Man wird mitgenommen, von der Norm mitgenommen. Ja, man braucht ja nix zu tun. Das zerstört innerlich. Das macht niedrig. Man kann ja sagen, es ist doch schön irgendwo, im Grundprinzip ist es doch schön, einfach sich gehen zu lassen und mitgenommen zu werden. Aber da steckt ja noch mehr drin. Was heißt das denn: Mitgenommen werden. Von den Leuten. Es ist ja auch ein ständiges Leid. Was nur nicht mehr gesehen wird: arbeiten gehen. Sich normen müssen, sich abfinden müssen mit Dingen, sich falsche Hoffnungen machen, die eigentlich sich nie erfüllen. Man kriegt dann gar nicht mehr diese Zeit, sich selbst nachzugehen. Man wird ja vereinnahmt. Selbständigkeit dagegen heißt, daß ich mich mit mir beschäftigen kann. Mir nachgehen kann. Und Unselbständigkeit heißt irgendwo, daß mir die Zeit genommen wird dazu. Ich merk das immer wieder. Warum tun denn alle Künstler irgendwo, warum können die denn nicht geregelt arbeiten? Das ist doch klar: das zerstört. Das nimmt mir mich doch weg, das entfremdet mich. Das ist mir doch vollkommen klar.

Selbständig bin ich im Willen, also in mir selbst. Mich zu wollen. Unselbständig z. B. darin, daß ich mich nicht konkret formulieren kann im Augenblick. Unselbständig darin, daß ich die Welt nicht ändern kann, im Augenblick. Nicht aufgrund der Gesetzmäßigkeit, sondern aufgrund meines Bewußtseins im Augenblick noch. Unselbständig bin ich halt auch im Bereich von Frauen – das ist übrigens komisch. Ich rede also Frauen an, ja, und mein Wunsch sind aber Typen. Ich kann mir zwar auch vorstellen, daß ich mit 'ner Frau irgendwo leben kann oder so. Auch sexuell was haben könnte. Oder so was. Das ist übrigens auch etwas, was meinen Narzißmus so bestätigt, da hab ich vor kurzem »Trauer und Kreativität« gelesen in der *Psyche*, und da haben sie also gesagt: Die großen Genies, die waren weder Männchen noch Weibchen, so auf die Art. Und die haben das in ihren Werken dann ausgedrückt.

ETWAS BESONDERES SEIN. Ich würde also gern exzentrischer sein. Ich würde gerne zeigen: meine Gedanken, meine Ideen sind von einer eigenen Individualität geprägt. Sieh das! Und sieh, wie du wie von der Stange oder vom Fließband aussiehst! Das würde ich gerne zeigen. Ich möchte es aber nicht so sinnlos zeigen, so sinnlos, daß ich nur rumgehe, wie halt andere, und halt gröle und dumm lache. Auch die Arroganz tu ich jetzt oft anwenden, tu ich auch zum Selbstschutz irgendwo tragen. Um für mich ein bißchen mehr Stärke zu behalten. Dem nicht ausgeliefert zu sein.

Ich möcht gern Dinge tun, die nicht die Masse tut. So zum Beispiel, wenn ich schauspielern würde: ich möcht's phänomenal tun, daß ich heraussteche. Ja. Aber mit dem Ziel des Guten. Und das ist keine reine Fassade, das Gute, sondern das ist wirklich wahr. Und ich mein, wenn hinter allem, was man tut, wenn da das Gute dahinter steht, und man die Freiheit des anderen nicht einschränkt, dann ist es nicht schlimm, ob man dabei heraussticht oder so was. Oder ob man den Ehrgeiz besitzt, anders zu sein. Da ist im Grundprinzip nur die Gefahr, daß der andere es falsch auffaßt. Ich lehn's also vollkommen ab, so brillant zu sein, ich würd also meinen Feind nicht umbringen. Das ist 'ne Frage: wenn er mich natürlich bedroht in meinem Leben, schon, aber sonst nicht. Ich würd so Faschisten zum Beispiel, wenn ich 'nen Staat hätte, obwohl ich keinen Staat regieren will, die würd ich einfach rausschmeißen.

Ich glaube also, meine Strategie ist einfach die Strategie der Individualität. Des »Sich-selbst-seins«. In dem Augenblick übertrifft man alles. Das ist mehr – mehr als jede Schaustellerei oder so was. Die wiegt mehr, weil sie echt ist, weil sie tief sitzt. Weil sie Mensch ist. Das ist auch die Strategie, die ich haben will. Und tun will und erreichen will. Konkret sieht das so aus, daß ich z. B. Leute überzeugen will. Daß ich mich dabei selber wohl fühle, daß ich keinen schädige. Und daß man meiner ganzen Lebensart, meinem Bau des Zimmers, meinem eigenen Tun – ich würde sagen – eine gewisse Grazie ansieht. Von schönen Handbewegungen oder so was. So wie ein Ballett, ich find es phänomenal, das gefällt mir sehr gut. Diese Ästhetik. Daß ich mir so was aneigne zum Beispiel. 'Ne gewisse Ruhe ausstrahle auch. Einen weichen Gang, weiche Bewegungen, eine ruhige Stimme haben. Das wär so meine Strategie, auch so ein bißchen, daß die Leute merken, sie haben hier jemand Ernsthaftes vor sich.

DIE NÄCHTE. Also mit der Nacht verbinde ich zweierlei Dinge. Das ist erstens das Alleinsein. Wenn alle schlafen schon. Und selbst die, die ich liebe, schlafen. Und das ist für mich auch so 'ne Art Sicherheit. Also ich bin mir da ziemlich sicher, aha, der schläft. Das ist auch interessant zu sagen, wenn ich z. B. Mick Jagger wär, so zu sagen, aha, ich weiß jetzt, daß jemand an mich denkt. Kann der ja sagen. Ich weiß, daß ich jetzt bei einigen Leuten jetzt im Kopf rumgeh. Und so denk ich dann für den andern, an den ich denk. Weißt du, daß ich jetzt an dich denke? Und so Sachen. Die Nacht selber bedeutet für mich aber auch eine Schönheit teils, eine Ruhe, so ein gewisses Umhülltsein von der Dunkelheit. Also am Sommer hasse ich zum Beispiel, da kann ich mich nicht daran gewöhnen, daß es so früh hell wird. Darin hab ich den Winter lieber, wenn ich so Nächte durchmache. Ich mach aber Nächte nicht mehr so gerne durch, weil ich sehr ungern morgens ins Bett gehe. Sondern ich bin ein bißchen bemüht sogar, daß ich in Zukunft mehr den Tag erlebe.

DIE TAGE, WIE SIE SEIN SOLLTEN. Mein idealer Tag wär ein bißchen unabhängig von der Zeit, wann ich aufsteh. Mir wär's im Augenblick lieber, daß man so manchmal die Nächte erlebt, manchmal aber auch die Tage. Aber daß sich das so im Rahmen hält. Alles beides. Das wäre ein idealer Zustand. Daß ich dann aufstehe und nicht gleich über ganze Dinge fliege, und daß, wenn ich etwas anstoße, es nicht gleich runterfällt oder so was. Sondern daß der Tag in Ruhe beginnt und mit einer schönen Sicht aus dem Fenster. Und daß ich aufstehe und dann diszipliniert auch arbeiten kann. Ja, daß ich sogar acht, neun Stunden arbeiten kann, sogar noch mehr. Aber intensiv und besinnlich, und daß ich merke, daß jeder Tag ein Fortschritt bedeutet. Und daß ich zu ihm einen sehr großen Bezug hab, und daß ich an dem Tag nur mit solchen Dingen berührt werde, die mir angenehm sind. Ja, die ich lieb, die ich mag. Also nicht mit Personen, die mich nerven. Und z. B., daß ich nicht den ganzen Tag allein wär, sondern daß eine intensive Bezugsperson da wär. Die ich liebe oder so was. Und daß der Tag auch so Traumelemente beinhaltet. Daß der Tag mir die Mög-

lichkeit gibt, sogar 'ne Werkstatt aufzunehmen und
Dinge zu basteln und eben auch geistig zu arbeiten. Also
die zwei Komponenten, die sind für mich sehr wichtig.
Daß ich, wenn ich ins Bett gehe, nicht ins Bett gehe im
übermüden Zustand, und auch nicht ins Bett gehe mit
'nem Zustand, wo ich nicht einschlafen kann, wo ich
nicht weiß, was ich tun soll. Und daß ich fähig bin, das
Ganze sinnlicher zu empfinden und zu sehen, das ist mir
eine wichtige Sache. Und daß ich an dem Tag z. B. auch
Briefe schreib. Ich würde gern viel mehr Briefe schreiben. Und eben mich auch mehr in der Hand haben, mich
mehr sehen, mich mehr wissen, voll Person sein, aus mir
schöpfen . . .
Aus Gesprächen mit Jürgen Zinnecker

Eva Zeller
EIN MORGEN ENDE MAI

Die Frage ist, wie sage ichs meinem Vater. Dem Rest der
Familie kann ich nicht ohne Schadenfreude mitteilen:
also falls es euch interessiert, Beate ist in eine Sekte abgeschwommen. Abgeschwommen ist zu aktiv. Es müßte
heißen: abgetrieben worden. Also falls es euch interessiert, Beate ist in eine Sekte abgetrieben worden. Das
heißt, sie ist nicht mehr hier. Nur ihre Silhouette noch in
den Spiegeln, langgestreckt in der Hollywoodschaukel,
auf einmal in allen Räumen anwesend mit ihrem pupillenlosen Blick. Ein Mädchen wie Beate. In eine Sekte
abgeschwommen. Das habe ich inzwischen herausgefunden. Es war gar nicht so einfach. Eine Art Schnitzeljagd. Einer ihrer Zettel hat mich auf die Spur gebracht.
Ihr kennt ja ihre Zettelwirtschaft. Das heißt, ihr kennt
sie natürlich nicht. Also wie gesagt, Beate ist nichts passiert.

Meine Mutter wird sich auf den nächstbesten Stuhl fallen lassen, schwerer vor Erleichterung: nichts passiert. Nicht das mindeste. Kein Haar gekrümmt dem guten Kind, der langhalsigen Modiglianitochter, mit der nicht so furchtbar viel Staat zu machen war.

Meine Mutter machte gerne Staat, mit mir zum Beispiel. Mit mir konnte man Staat machen. Ich war ein Kind, charmant, aufgekratzt, wie geschaffen mit mir anzugeben, mit mir konnte man sich sehen lassen. Ich blamierte die Innung nicht. Ich fragte nicht an der festlich gedeckten Tafel: Warum beten wir immer bloß, wenn Besuch da ist? Sowas fragte Beate bei den unpassendsten Gelegenheiten. Ich ließ mich gerne hübsch anziehen. Staffierte mich bald selber aus. Schon was ich als Kind trug, sah teuer aus. Ich stahl Beate die Schau. Ich stand nicht bockbeinig herum. Ich machte meinen Knicks vor den vielen interessanten Leuten, die bei uns ein- und ausgingen. Beate imponierte niemandem und wollte niemandem imponieren. Auf Wirkung war sie nicht aus.

Staat zu machen war auch mit meinem Bruder und ist es in gewisser Weise noch. Zwar gefällt er sich seit einiger Zeit in langen Haaren und schmuddeligen Hemden, um zu demonstrieren, daß auch er der beunruhigenden Minderheit angehörte. Wer ihn näher kennt, traut ihm ohne weiteres zu, daß er etwas Umwerfendes auf die Beine stellen, die Gesellschaft schockieren, die Verhältnisse ändern wird. Wenn er den Mund auftut, hört man, wes Geistes Kind er ist: Sekte? Ich höre immer Sekte? Willst du damit etwa sagen, daß sich unsere Schwester nunmehr zu den 144 000 Erwählten der Zeugen Jehovas zählt? Bei dir piepts wohl. Oder gehört sie der Pfingstbewegung an und redet in Zungen? Oder ist den Mormonen in die Hände gefallen und pilgert demnächst nach Salt Lake City? Oder wartet sie bei den Siebentage-Adventisten auf das Tausendjährige Reich? Wie stellst du dir das vor? Mein Bruder wird mal wieder seine Sachkenntnisse anbringen können. Ein begabter Bursche. Wird im Handumdrehen dem staunenden Plenum eine brillante Vorlesung halten über Erweckungsbewegungen im allgemeinen und den Gottesstaat der Mormonen im besonderen. Hauptsache, er hört sich reden. Dabei ist es ganz egal, worüber. Er könnte genausogut über progressive Kunst, fliegende Untertassen oder die Schwierigkeiten beim Autorallye referieren. Wenn er sich nur reden hört. Was er sagt, sagt er auf Applaus hin: Beate? Achso Beate ist ein Opfer dieser Rattenfänger geworden? Na warte. Das kennt man, dies big business mit der Gutgläubigkeit der Leute, Erweckungsfeldzüge mit einem Riesenetat, und es würde ein weiterer Vortrag folgen – er hat immer etwas in petto – über raffiniert aufgezogene Propaganda, routinierte Manager, kurz über das Geschäft mit der Angst. Das Wort Angst wird mein Bruder nicht anders aussprechen, als bei dir piepts wohl. Ich kann mir nicht helfen, ich sehe, wie sich seine Zähne beim Sprechen zu Stiften drehen und in die Walze seiner Kiefern greifen und seine Zunge mechanische Worte anreißt, ich kann es ihm nicht in sein Spieluhrgesicht sagen, nicht in der Verfassung, in der ich im Augenblick bin, die Sache hat mich mehr mitgenommen, als ich zugeben will. So etwas paßt nicht in mein prosaisches Weltbild. Tagsüber bestürzen mich Alltäglichkeiten. Nachts werde ich wach. Schneit es Kohlen von den Pappeln? Kommen Füße über Streifen aus Grobkies?

Ich sehe schon, ich kann es sowieso nicht der versammelten Mannschaft sagen. Obwohl wir uns alle der gängigsten Redensarten bedienen, geölter Wortblitze, herrscht in Familien wie unserer babylonische Sprachverwirrung. Die Worte, die wir sagen, decken sich nicht mit dem, was wir meinen. Wir haben in dem Punkt längst resigniert. Wir machen gar nicht erst den Versuch, ein Wort für einen Sachverhalt zu finden. Das ist viel zu kompliziert. Wir spielen mit den Wörtern wie die Katz mit der Maus: Sekte? Ich höre immer Sekte? Ist das was Unanständiges? Mich trifft auf der Stelle der Schlag. Auf diese Tour. Mein Bruder mit seiner ro-ro-ro-Bildung. Am Ende wird er das Faktum, daß es sich um Beate handelt, aus der Welt gefrotzelt haben und Götz von Berlichingen zitieren.

Ich sollte das Ergebnis meiner Nachforschungen jedem einzeln beibringen, zuerst meinem Mann, dem Eingeheirateten, huldvoll in den Clan aufgenommenen. Du weißt ja, ich war in der letzten Woche viel unterwegs in Sachen Beate. Und was denkst du, habe ich herausgefunden? Beate ist in eine Sekte abgeschwommen.

Wie immer, wenn er sich aufregt, wird Rolf seine violetten Lippen kriegen, dunkelviolett, ich denke an die Reißseite einer Streichholzschachtel. Wundert dich das? Höchste Zeit, daß bei euch einmal einer aus der Reihe tanzt. Sekte sagst du? Das spricht Bände. Ich habe ja ein paar Jährchen gebraucht bis mir aufging, da stimmt doch was nicht, ihr macht euch doch alle gegenseitig was vor mit eurer Diskutierwut. Ich habe gedacht, wenn man in diesem Hause bloß einmal etwas auf sich beruhen ließe. Bloß einmal ein Blatt vor den Mund nähme. Aber nein, als Intellektueller ist man es sich schuldig, immer frei von der Leber weg zu reden. Kein Wunder, daß es Vater die Sprache verschlagen hat, kein Wunder, daß ein Mädchen wie Beate eines Tages umsteigt in einen Verein, in dem vermutlich das zu seinem Recht kommt, was an uns nicht Intellekt ist.

Ein Mädchen wie Beate. Ich höre wohl nicht recht. Ein Mädchen wie Beate, das Rolf bislang überhaupt nicht wahrgenommen hat, es sei als Portrait, schmal, entfernt, Linien, elliptische Schwünge, sehr nah zusammenstehende Augen. Sekte sagst du? Das ist doch was für Unterbelichtete. So kann doch keiner von euch aus der Art geschlagen sein. Da hat man ja Grund, an Beates Zurechnungsfähigkeit zu zweifeln. Hast du es deiner Mutter schon beigebracht? Ihr wäre sicher lieber, Beate bekäme ein Kind. Das verschmerzte sie leichter. Aber Sekte?

Ich fange am besten bei meiner Mutter an. Die wird wenigstens bloß erleichtert sein, daß Beate nichts zugestoßen ist. Zunächst jedenfalls nur erleichtert. Hauptsache, ihr ist nichts passiert. Aus dieser Sekte werden wir sie schon wieder loseisen. Das wäre ja gelacht. Das gute Kind. Die Tochter mit den mutlos fallenden Schultern. Was wohl in sie gefahren ist? Zu uns sind doch nie Leute gekommen, die man nicht wieder los wurde? Oder? Wie ist sie da hineingeraten? Aber sowas liegt heutzutage in der Luft. Und wenn dann ein exzentrisch veranlagtes Mädchen wie Beate... Hauptsache, ihr ist nichts passiert. Das ist das Wichtigste. Das Zweitwichtigste: Niemand darf etwas erfahren. Keine Menschenseele. Das bleibt unter uns. Hörst du? Wenn es rauskäme, würden die geladenen Gäste der offenen Abende... was würden sie? Tuscheln? Das wäre so schlimm nicht. Vielleicht würden sie in Schwarz anrücken und kondolieren. Ein go-in mit Kränzen. Das wäre wirklich komisch. Oder sie würden einen Abend inszenieren mit dem Thema Die Sekten – ein Weg zur Selbsterlösung oder Die Sekten und das Bewußtsein der Auserwähltheit oder das Geheimnis ihres Erfolges oder Rechnet man die Pfingstler zu den Sekten oder Goethe und die Sekten oder das Liebesleben der Sektierer, die offenen Abende empfahlen sich immer schon durch Originalität.

Wenn es rauskäme, würde bei Doktor Heises nebenan Genugtuung herrschen, denn Beate hatte dem Heisessohn eine runtergehauen. Und solche Mädchen landeten eben in Sekten, die mit einundzwanzig noch ungeküßt durch die Gegend liefen und ihre Neurosen pflegten. Solche Mädchen wie Beate. Nicht Fisch nicht Fleisch. Überschlank, von einem anderen Organismus.

Beate ist in eine Sekte abgeschwommen. Meine Mutter fängt an zu begreifen. Sagtest du Sekte? Das darf nicht wahr sein. Wenn sie wenigstens zum Katholizismus konvertiert wäre, das könnte als pikant durchgehen. Aber Sekte? Das riecht nach kleinen Leuten. Da muß man eine plausible Lesart finden. Laß dir doch etwas einfallen, Kind. Meine Mutter würde in eine Klemme geraten. Sie könnte es nicht ertragen, schief angesehen zu werden. Sie könnte es wirklich nicht ertragen ... Ich nehme ihr das ab. Sekte? Sie würde ihres Lebens nicht mehr froh werden. Und ist doch ihres Lebens immer froh gewesen. Und wie. Immer der strahlende Mittelpunkt, um den sich alles drehte, ihrer Tochter Beate so unähnlich wie nur möglich, füllig blond laut lebhaft und von gefährlicher Güte. Ihre Jüngerschaft, nur interessante Leute versteht sich, setzte sie an wie Jahresringe. Mit der Zeit wurde ihr erwählter Kreis unüberschaubar. Es waren mindestens hundert. Liebe durch hundert, das reicht eben nicht. Meine Mutter ließ ihre Beziehungen spielen. Immer war sie am Vermitteln. Mein Lieber, sie müssen Professor Sowieso kennenlernen. Ich werde das einfädeln. Überlassen Sie das mir. Am liebsten hätte sie auch noch die Rolle der femme fatal einstudiert, aber das lag ihr nicht, und sie war intelligent genug, sich nicht lächerlich zu machen. Meiner Meinung nach beruht ihre Treue zu unserem Vater nur auf ihrem Mangel an Sexappeal, genau wie ihr Geltungsbedürfnis. Ihre Sympathien haben – welch ein Segen. Sich ihre Sympathien verscherzen – wehe. Am einfachsten war, ihr gleichgültig zu sein, damit sie endlich Ruhe gab. Diesen Weg hatte Beate gewählt. Und lange auch schon mein Vater.

Ich kann unmöglich mit den anderen sprechen, ehe ich nicht bei meinem Vater gewesen bin. Ich werde zu ihm gehen unter Zurücklassung der ganzen heiligen Familie, der ich überhaupt keine Erklärung schuldig bin, weil Beate ja doch bloß als Untermieter bei ihnen gewohnt hat, langhalsig, entrückt, in allen Räumen abwesend, längst abgeschrieben, es würde ihnen gar nicht auffallen, daß sie nicht mehr da war.

So standen also die Dinge, als ich mich entschloß, zuerst zu meinem Vater zu gehen. Keiner wußte etwas anderes, als daß Beate mich vor einer Woche angerufen hatte, ein mysteriöser Anruf, aber es war ihre Stimme, daran bestand kein Zweifel. Sie wollte mir nur sagen, sie gehe nun. Man möge sie gefälligst in Ruhe lassen. Gefälligst hat sie übrigens nicht gesagt. Man möge sie bitte in Ruhe lassen. Niemand brauche sich um sie zu sorgen. Sie lasse sich auch noch bedanken – ich möchte wissen wofür. Ob das Mädchen ihren Sittich füttere? Und ich möge Vater grüßen. Er brauche sich keine Gedanken machen. Das hatte sie nachdrücklich gesagt. Vergiß nicht, ihm das zu bestellen. Sie hatte mich nicht zu Worte kommen lassen. Keine Gedanken machen. Dann hörte ich nur noch das Freizeichen. Sie hatte den Hörer eingehängt, in einer öffentlichen Telefonzelle vermutlich, und ist wohin gegangen mit ihrem Koffer? Hat sie jemand vor der Zelle erwartet und ihr tragen helfen?

Ich kann sie mir nur allein vorstellen. Ein Morgen Ende Mai. Die Pappeln schneien. An jedem Hindernis die zusammengefegte Watte. Beate auf der Suche nach einem Taxistand. Ihr roter Renault steht in der Garage. Sie ist zweimal durch die Fahrprüfung gefallen. Ich stelle ihr Bild in mir her, schmächtig, schlaksig, die Frau im Hut. Einen schweren Koffer in der Hand. In der einen. In der anderen. Wieder in der einen. Hoffentlich trifft sie keine Bekannten. Die könnten hier leicht in Rudeln auftauchen. Sie drückt sich an den Schaufenstern entlang. Miederwaren, Hähnchengrill. Die Paßstelle für Härtefälle, die längst geschlossen ist, unter Gerüsten, bunten Schirmen der Cafétische. Ihre Art zu gehen ist verblüffenderweise nicht auf Weiterkommen bedacht. Mit einem Mal sehe ich, Beate ist elegant, geht mit der mißtrauischen Anmut eines Rehs. Was ich auch unternehme, ob ich hinter ihr her telefoniere, im Singkreis »Ich wollte wenns Kohlen schneit« singe oder ihre Zettel durchstöbere in der eingebauten Arbeitsnische mit der herunterziehbaren Lampe, ich sehe Beate in zögernder Panik um Ecken biegen, grußlos an Schemen vorbei. Seifen Tapeten Farben Lotto Toto Tchibo. Ich kenne ihren Zwang, alles Geschriebene buchstabieren zu müssen, das Waagerechte und Senkrechte ohne Punkt und Komma Kleiderbad Bestattungen Lichtpausen, das Gleitende auf Bussen Lieferwagen Fixminze Fixmalve Fixbutte Hertha wenns um die Wurst geht, die Kreideschrift in der Unterführung UWE IST DOV. Sie erreicht ein Taxi. Wohin bitte? In eine Sekte, in der man ungeniert beten kann Kyrie eleison Christe eleison Herr erbarm dich über uns. Sie hatte kein geringeres Ziel als eine Innenwelt, die ganz anders sein müßte als die Außenwelt. Fest steht, daß sie Berlin bis gestern abend nicht verlassen hat, jedenfalls nicht unter ihrem Namen. Ich habe meine Ermittlungen mit kriminalistischer Genauigkeit durchgeführt, habe eidesstattliche Erklärungen unterschrieben und festgestellt, es liegt mir sehr, meiner Schwester hinter die Schliche zu kommen. Ich tippte von vornherein auf eine Liebesgeschichte. Ein anderer Gedanke kam mir gar nicht. Ich dachte, es wird Beate auch erwischt haben. Daß ich mir trotzdem keinen Liebhaber vor der Telefonzelle vorstellen konnte, muß an Beates unkosmetischer Erscheinung liegen oder daran, daß sie nie Lärm machte mit ihrer Unschuld.

Was noch gesagt werden muß: Ich war sicher, in Beates Zimmer einen ersten Hinweis zu finden. Nach ihrem Anruf fuhr ich unverzüglich nach Hause. Das Knakken in der Sprechanlage. Mamas Stimme: Um Himmels willen Kind, ich sitze mit Lockenwicklern. Meine Mutter würde sich nie mit Lockenwicklern zeigen. Ein Morgen Ende Mai. Rechts und links des abfallenden gekrümmten Eingangsweges schwarze Leuchten in Pilzform, Rosen, Rasen, Hollywoodschaukel, Streifen aus Grobkies, Glasschiebetüren. Das Mädchen saugte die Treppe. Die Wände von Beates Zimmer sind mit honigfarbenem Kunststoff bekleidet, das, so sagen die Psychologen, stimme die Bewohner optimistisch. Wäre Beate im Zimmer gewesen, ich hätte nicht sagen müssen: hübsch hast dus hier, denn es hat sich nichts verändert. Solche gestalteten Räume kann man nicht verändern, Einbauschränke, Einbauregale im Rastermaß zum Anbauen, Einbauteppich – blaues Haargarn darauf, das Licht und Schattenmuster der angestellten Glaslamellen vor den Fenstern gehörte mit zum Entwurf des Architekten, Einbauschreibtisch, Einbaubücher, Einbaumenschen im Rastermaß zum Anbauen, vielleicht ist Beate nur aus diesem Zimmer fortgegangen? Veränderlich nur die herunterziehbare Lampe über dem Schreibtisch, die Faltwand, die Wohn- und Schlafraum trennt, zwei niedrige Sessel und der Käfig mit dem Wellensittich. Veränderlich die Schattenstäbe auf dem Teppich, je nachdem wie das Licht fällt, Licht und Schatten im Rastermaß zum Anbauen. Die Fenster sehen über Siemensstadt bis zur Jungfernheide, wenn man sich hinausbeugt, auf den ansteigenden Weg, Rosen, Rasen, Hollywoodschaukel.

Im Bad fehlten Beates Toilettensachen. Das Bad ist kombüsenartig. Die Wanne in den Boden gelassen, die Spiegel in die Wände, Beates Silhouette in die Spiegel, langgestreckt, geschöpflich. Ich erinnere mich an ihre Hauchbilder auf den Spiegeln, ihren Waschzwang, ihre fast abwegige Zärtlichkeit zum eigenen Körper, die Wechselbäder gegen ihre ewig kalten Füße. Ihr Morgenrock fehlt. Ein Mann steckt dahinter. Was noch fehlte, konnte ich nicht feststellen, so genau kenne ich ihre Sachen nicht. Vielleicht war ihr Koffer nicht schwer.

Mich interessierte ihr Schreibtisch. Ich fand ein paar Zettel. Du kennst ja ihre Zettelwirtschaft, werde ich meinem Vater sagen, das heißt, du kennst sie natürlich nicht. Sie hat das schon früher gemacht, immer irgend etwas auf Zettel geschrieben, Zitate oder so, und dann die Zettel herumliegen lassen. Das war eine Marotte von ihr. Mein Vater würde mich nicht unterbrechen, höchstens, daß er sich erkundigen würde, was auf den Zetteln gestanden hätte. Ich könnte einige mitnehmen, ihm über den Schreibtisch reichen. Auf manchen stehen in Beates Schrift Bibel- oder Gesangbuchverse: »Ein voll gedrückt, gerüttelt und überflüssig Maß wird man in euren Schoß geben, Lukas 6 Vers 38«, »Ach lasset uns gebeugter um Gottes Gnade flehn«, »Vor falscher Lehr, Abgötterei, behüt uns Herr und mach uns frei«. Manchmal stehen zusammenhanglos nur ein paar Worte da: »Mit Flammen gerüstet« oder »Sauerteig–Süßteig«, oder »Nothelfer viel«. Einmal nur das Wort »Tränenbrot«, ein andermal »Kommen Füße«, und »Verderblicher Schaden«. Auch Verse aus irgendwelchen Gedichten sind dabei: »Die Löwen lachen und die Schlange singt.« »Von da erfolgt pünktlich der unerwartete Angriff.« Wenn mich nicht alles täuscht, hat Beate auch selber heimlich Gedichte gemacht.

Mein Vater liest die Zettel der Reihe nach. Ich stehe in Beates Zimmer, einem Hotelzimmer mit gemachtem Bett und schöner Aussicht und reiche über Siemensstadt und Jungfernheide hinweg meinem Vater die Zettel. Tränenbrot. Kommen Füße. Vielleicht wird mein Vater mich bitten, ihm die Zettel zu überlassen. Vielleicht will er sie seinem Kollegen von der Psychiatrie vorlegen. Es wäre also zu überlegen, ob ich die Zettel mitnehmen soll. Wer weiß, was Leute vom Fach aus solchen flüchtigen Notizen machen. Es genügt, wenn ich meinem Vater sage: Von Liebesbriefen keine Spur. Überhaupt kein Anhaltspunkt in Beates Zimmer. Ein junges Mädchen verläßt sein Elternhaus. Weiter nichts. Es wird ja Gründe gehabt haben. Oder auch keine. Also ich gehe jetzt. Welcher Tropfen hat das Faß zum Überlaufen gebracht? Laßt mich bitte in Ruhe. Das hat sie wörtlich gesagt. Vergiß nicht, Vater zu sagen, er braucht sich keine Gedanken machen. Das werde ich nachdrücklich wiederholen, obgleich ich es ihm am ersten Tag nach Beates Verschwinden persönlich gesagt habe und seitdem täglich telefonisch. Mach dir keine Gedanken. Beate läßt dir sagen, du sollst dir keine Gedanken machen. Mein Vater hat kein Wort gesagt. Meine Mutter war außer sich. Da müßte man die Polizei einschalten. Eine Fernsehfahndung. Ich mußte sie daran erinnern, daß Beate seit kurzem mündig war. Sie konnte tun und lassen was sie wollte. Ein junges Mädchen verläßt sein Elternhaus. Die honigfarbene Wandverkleidung konnte es nicht optimistischer stimmen. Da kann man nichts machen. Beruhige dich, Mama. Ich werde schon herauskriegen, wohin sie gegangen ist. Überlaß das mir.

Nachdem ich in Beates Zimmer nichts gefunden hatte, was mir weiterhelfen konnte, nahm ich den Wellensittich mit zu mir. Dabei fiel mir ein, Beate hat eine Busenfreundin. Ich wußte auch ihren Namen, Erika Picard, und daß sie einen Singekreis der Volkshochschule leitete, in dem Beate regelmäßig Dienstagabends mitsang. Punkt acht Uhr Dienstag stand ich vor der betreffenden Schule. Sind Sie neu? fragte mich eine Dame, hoffentlich singen Sie Alt. Der Alt ist immer so schlecht besetzt. Ich folgte ihr voll hochgespannter Erwartungen die Treppen hinauf. Wenn ich ehrlich sein soll, ich nahm jede Stufe zwei Mal, einmal tatsächlich und einmal für die Presse, die ich meine Nachforschungen nach meiner Schwester schon rekonstruieren sah: Singt mit im Singekreis, in der Hoffnung, hier eine Spur zu finden, die zum Ziel führen könnte. Ich hatte kein geringeres Ziel, als den Mann zu sehen, der Beate herumgekriegt hatte. Die Kamera schwenkt auf mich. Ich sehe mich vor einer Wandtafel, auf der Berichtigung steht. Ich halte ein Notenheft in der Hand. Beates Freundin hebt beschwörend beide Arme. Auf ppp und kkk singen wir uns ein. Luft Luft Luft ruft Fräulein Picard, explodieren sie, jawohl. Dreiklänge auf a und o. Federübungen hahaha hahaha, immer einen halben Ton höher. Ich hätte Zeit, mich umzusehen, ob eventuell Beate selber... Jemand hebt mir nachsichtig die Noten in Augenhöhe. Ein Finger tippt auf Ich. Ich wollt wenns Kohlen schneit. Ich wollt wenns Koholen schneit. Zuerst jede Stimme einzeln. Dann zusammen. Ich wollt wenns Kohlen schneit. Sonst hört man nur noch das Umblättern der Noten. Kein Kohlen schneit es nicht. Kaum habe ich Zeit, mich umzusehen. Fräulein Picard kennt kein Pardon. Eine energische Person unbestimmten Alters. Kein Kohlen schneit es nicht. Mein Herz erfreut sich nicht. Alle haben nur noch Gehör füreinander. Der Alt ist schwach besetzt. Ich wollt wenns Rosen regnet. Das geht so durch sechs Strophen. Und dann noch Jetzund wird der Schluß gemacht. Es ist zehn, als ich mich Fräulein Picard vorstelle, um zu erfahren, daß Fräulein Picard den Singekreis schon lange nicht mehr leite. Ihre Adresse? Da müßte ich schon im Telefonbuch...

Pianka Piaschinkski Piasecki Piasetzky Piatkewitz Piatschek Picard Adelheid Picard Bodo Organisationsbevollmächtigter Picard Detlev Rechtsbeistand Picard Erika Klavierlehrerin. Trotz der vorgerückten Stunde rief ich an. Es meldete sich niemand. Am nächsten Morgen, Mittwoch, fuhr ich zu Fräulein Picards Wohnung, einer Altbauwohnung in einer miesen Gegend. Beate war sozial immer schon besorgt. Zu meiner Überraschung war Fräulein Picard dreimal so alt wie Beate. Eine Frau um die Sechzig, die mit Gewinn in die Jahre gekommen war. Mütterliche Freundin. Mutterersatz. Liebe durch hundert reicht eben nicht. Mein Mantel wurde auf einen behäkelten Bügel gehängt, nachdem sich herausgestellt hatte, daß ich keinen Schüler zur Klavierstunde anmelden wollte, denn Fräulein Picard unterrichtete nicht mehr. Fräulein Picard lächelte ein Buddhalächeln, als ich sagte, ich sei Beates Schwester. Keine Frage, warum ich denn Nachforschungen anstellte. Als ob Beate nichts zustoßen könnte, kein Mann sie ansprechen, kein Schamverletzer hinter den Büschen hervortreten könnte. Ein Mädchen wie Beate. Meine Schwester ist spurlos verschwunden, sagte ich aufsässig. Es hätte mich nicht gewundert, wenn Klöppeldeckchen auf den Sessellehnen gelegen hätten. Die Vitrine war aus Nußbaum, verglast, mit Aufsatz und obendrauf prompt gerahmte Fotos. Hier hat Beate sich bemuttern lassen. Hat Kakao aus bauchigen Tassen getrunken. Damit du zunimmst Kindchen. Wann meine Schwester zuletzt hier gewesen sei? Das mochte acht Tage her sein. Ein Mädchen wie Beate, sagte Fräulein Picard geschwollen, würde von ihrem Stern geleitet, verschwände nicht sangund klanglos, da brauchte ich mir keine Gedanken machen. Weiter war aus Fräulein Picard nichts herauszubringen, oder sie wußte wirklich nicht, wohin Beate mit ihrem Koffer gegangen war.

Mein Vater wird seiner Sekretärin sagen, er wünschte nicht gestört zu werden. Wird ganz Ohr sein für meine Erzählung, wie mich die Zettel schließlich zum Kudamm geführt haben, zu einem gläsernen Kiosk, über dem Im Licht der Wahrheit stand. Ich sitze in Beates Zimmer, das aus Elementen besteht, und reiche meinem Vater die Zettel, die ich in der Tasche ihres Regenmantels gefunden habe. Auf fast allen stehen Sprüche von Abd Du Shin.

Ich werde mich hüten, meinen Bruder nach Abd Du Shin zu fragen. Im Brockhaus steht auch, daß er eine Sekte gegründet hat und von seinen Anhängern Menschensohn genannt wird und Träger göttlicher Offenbarungen ist. Darauf konnte ich mir leicht einen Vers machen. Beate ist in eine Sekte abgeschwommen. Meine

Theorie, sie sei das Opfer einer Affäre geworden, erwies sich als haltlos.

Trotzdem fahndete ich mit unvermindertem Eifer weiter. Abd Du Shin war fast so aufregend wie Liebhaber. Drei Abende nacheinander fand ich eine Parklücke in unmittelbarer Nähe des Kiosks, nicht weit von der Kaiser-Wilhelm-Gedächtniskirche. Ein junger Mann saß in dem Gehäuse und verkaufte hin und wieder, selten genug, einem Hinzutretenden Broschüren. Die paar Leute, die ich auf diese Weise zu Gesicht bekam, sahen nicht so aus, als handelte es sich um eine Sekte, in der der Oberpriester das Recht der ersten Nacht hätte.

Beate kam nicht. Ich wartete so intensiv auf sie, daß ihr eigentlich gar nichts anderes übrig bleiben konnte, als im Strom der Passanten aufzutauchen mit ihrem herzförmigen Gesicht, verloren unter dem Neonhimmel, arabesk auf die Seite gezogen, in der sie den Koffer gerade trägt. Oder ich sehe sie im Glashaus sitzen und Broschüren verkaufen oder vielmehr nicht verkaufen. Das Mitleid überwältigt mich. Ich steige aus, gehe auf den Kiosk zu und kaufe ihr Im Licht der Wahrheit ab, das Buch, das keine Lücke läßt, auf jede Frage die Antwort parat hat. Dabei bitte ich sie, daß wir uns treffen können, um uns auszusprechen. Sie sieht mich an mit ihrem pupillenlosen Blick, jaja, sagt sie freundlich, auch sie werden das bessere Teil erwählen, einen Kreis um sich ziehen gegen das andrängende Übel, einen Horizont des Heils. Geflüster, in Phon zu messen. Dann wieder ist es Fräulein Picard, die in dem Häuschen sitzt und dampfenden Kakao ausschenkt. Gestärkt auch sie durch die Kraft des guten Willens, gefördert durch die Macht des Schweigens. Ich werde mir gut überlegen, was ich meinem Vater erzähle und was nicht. Er sagt kein Wort. Sprache, die nicht mehr sprechen kann. Jeder sitzt in seinem Glashaus. Hinter seinem Kopf hängt Modiglianis Frau mit Hut. Mir fällt auf, wie ähnlich ihm Beate sieht.

Auch habe ich vergessen, daß mein Vater uns allen überlegen ist. Er macht nie Gebrauch von seiner Überlegenheit, jedenfalls nicht seiner Familie gegenüber, ebensowenig wie von seiner Liebe, die auch merkwürdig unangewendet bleibt oder unanwendbar, auf uns unanwendbar, auf Mama zum Beispiel, die immer einen halben Ton höher geht, hahaha hahaha; auf meinen Bruder, der alles aus dem ff kann, hundertprozentig weiß, was Sache ist; auf mich und meine Schau. Anwendbar vielleicht nur auf ein Mädchen wie Beate. Lächerlich, ich brauche nichts zu verschweigen von dem wenigen, was ich über Beate weiß, meinen ungenauen Erfahrungen mit ihr, ihren kleinen sensiblen Lastern, ihren Anwandlungen, ihrem Waschzwang, dem Anhauchen der Spiegel, bis sie beschlagen, ihrer Zettelwirtschaft, ihrem sechsten Sinn fürs Tragische, als stünde immer gleich alles auf dem Spiel.

Mein Vater weiß das. Ihr gegenüber ist er mit seiner Liebe nicht im Rückstand. Beate fehlt ihm an allen Ekken und Enden. Beate glänzt durch ihre Abwesenheit. Hätte ich anstatt nach Dahlem nach Amerika geheiratet, ich fehlte ihm nicht. Ich sitze in seinem Ordinationszimmer, als hätte man mich hierherbestellt, um mir schonend die Diagnose einer unheilbaren Krankheit beizubringen. Mein Vater hat einen lateinischen Namen dafür, den er so unakademisch wie möglich ausspricht, um mich nicht zu erschrecken. Es gibt ein Mittel dagegen, beruhige dich, mein Kind. Dann verschreibt er mir Gesundheit auf weißen Zetteln. Ich stecke die Rezepte in meine Handtasche und gehe.

ZU DEN AUTOREN/QUELLENHINWEISE

Bachmann, Ingeborg, geb. 1926 in Klagenfurt, gestorben 1973, Schriftstellerin. »Die Fähre« (S. 39) stammt aus dem 2. Band der Werke. Es ist ein Manuskript aus dem Nachlaß, das 1945 geschrieben wurde (Werke Bd. II. R. Piper & Co. Verlag, München 1978).

Böll, Heinrich, geb. 1917 in Köln. Schriftsteller. Die Erzählung auf S. 15 stammt aus dem Buch »Wanderer, kommst du nach Spa...« aus dem Jahre 1950 (Gertraud Middelhauve Verlag, Köln; Abdruck aus der Taschenbuchausgabe im Paul List Verlag, München 1957; Rechte bei Lamuv-Verlag, Bornheim-Merten) – Erzählungen, die in der Trostlosigkeit der Nachkriegszeit neue Anknüpfungspunkte für sinnvolles Leben suchen.

Borchert, Wolfgang, geb. 1921 in Hamburg, gestorben 1947. Die Erzählungen »Marguerite« (S. 18) und »Das Gewitter« (S. 22) sind nachgelassene Texte aus dem Band »Die traurigen Geranien und andere Geschichten«, © 1962 by Rowohlt Verlag GmbH, Reinbek b. Hamburg.

Brecht, Bertolt, geb. 1898 in Augsburg, gestorben 1956, Schriftsteller, Dramaturg, Regisseur. »Barbara« (S. 24) und »Die dumme Frau« (S. 29) sind Erzählungen aus Gesammelte Werke II, Prosa 1, Suhrkamp Verlag, Frankfurt 1967.

Brežan, Jurij, geb. 1916 in Räckelwitz, Kreis Kamenz, lebt in Bautzen. Schriftsteller. Die Erzählung »Wie Krabat die Smjala verlor« (S. 44) ist entnommen aus »Auskunft. Neue Prosa aus der DDR«, Herausgeber Stefan Heym, Rowohlt Verlag GmbH, Hamburg 1977 (Rechte bei Mohrbooks, Literary Agency Rainer Heumann, Zürich).

Drewitz, Ingeborg, geb. 1923 in Berlin. Schriftstellerein. Die Erzählung »Finale« (S. 105) ist dem Band »Die Samtvorhänge« entnommen (GTB Siebenstern 273, Gütersloher Verlagshaus Gerd Mohn, Gütersloh, 1. Aufl. 1978).

Goedel, Peter/Hoven, Herbert haben ihren Hörspieltext »Außer Briefe schreiben kann man hier nichts« (S. 127), der 1978 vom WDR produziert wurde, in dem Buch »Sprechstörungen« vorgelegt (Radius-Verlag GmbH, Stuttgart 1980, Kürzung im Einverständnis mit Radius-Verlag und den Autoren).

Klaus führte als junger Mann von etwa zwanzig Jahren Gespräche (S. 155) mit Jürgen Zinnecker über seine Probleme. (Aus: »Kursbuch 54 – Jugend«, Hg. Karl Markus Michel und Harald Wieser, Kursbuch/Rotbuch-Verlag GmbH & Co., Berlin 1978.)

Knef, Hildegard, Schauspielerin. »Ich fühl' mich schuldig« (S. 70) ist entnommen aus dem Gedichtband »Ich brauch Tapetenwechsel« (Verlag Fritz Molden, Wien–München–Zürich 1972; Rechte bei Linder AG, Literarische Agentur, Zürich).

Lind, Jakov, geb. 1927 in Wien. 1938 Flucht nach Holland. Lebt in London und auf Mallorca. Schriftsteller. Die Legende auf S. 10 ist abgedruckt aus seinem Buch »Der Ofen – eine Erzählung und sieben Legenden«, Fischer Taschenbuch Verlag, Frankfurt/M. 1976 (Originalausgabe bei Residenz Verlag GmbH, Salzburg; Rechte bei Jakov Lind). Das Buch stellt die Frage nach Gott, dem Wärme und Leben kommen.

Mauz, Gerhard, Justizberichterstatter des SPIEGEL. Sein Buch »Das Spiel von Schuld und Sühne« (Copyright 1975 by Eugen Diederichs Verlag, Köln) enthält sozial engagierte Gerichtsreportagen. »Von Beruf – Hampelmann« (S. 146) ist eine davon.

Mechtel, Angelika, geb. 1943 in Dresden. Schriftstellerin. »Katrin« (S. 72) ist entnommen aus »Die Träume der Füchsin« (Deutsche Verlagsanstalt GmbH, Stuttgart 1976; Abdruck mit freundlicher Genehmigung von Frau Mechtel), Erzählungen des Leidens von Frauen unter den Verhältnissen der Gesellschaft, unter Männern wie unter Frauen.

Moser, Tilmann, geb. 1938. Psychoanalytiker. Die Texte auf S. 115 ff. sind Auszüge aus dem Buch »Familienkrieg. Wie Christof, Vroni und Annette die Trennung der Eltern erleben« (Suhrkamp Verlag, Frankfurt 1982), ein Fallbericht, der in der Form von Gesprächen und Briefen zwischen den Kindern Christof (15 J.), Veronika (14 J.) und Annette (6 J.) geschrieben ist. Der Konflikt findet eine für die Beteiligten positive Lösung.

Nin, Anaïs, geb. 1914 in Paris. Schriftstellerin. »Die Tagebücher der Anaïs Nin« (Abdruck aus der im Deutschen Taschenbuch Verlag, München 1979, erschienenen Ausgabe; Rechte bei Nymphenburger Verlagshandlung GmbH, München; fr. Christian Wegner Verlag, Reinbek b. Hamburg) enthalten sensible, fantasievolle und offene Aufzeichnungen, die tiefgründig nach Leben und Liebe fragen. Ein thematisch in sich abgeschlossener Abschnitt daraus ist der Text auf S. 75.

Rheinz, Hannelore. Ihr Bericht (S. 137) protokolliert die Erfahrungen zweier drogenabhängiger Mädchen. (Aus: »Kursbuch 54 – Jugend«, Hg. Karl Markus Michel und Harald Wieser, Kursbuch/Rotbuch-Verlag GmbH & Co., Berlin 1978.)

Richter, Hans Werner, geb. 1908 auf Usedom. Schriftsteller. Sein Buch »Blinder Alarm. Geschichten aus Bansin« (Suhrkamp Verlag, Frankfurt 1970) enthält Geschichten vom Überleben. Daraus: »Geschichte aus Bansin« auf S. 59.

Saki (Hector Hugh Munro), geb. 1870 in Akyat/Burma, gefallen 1916. Schriftsteller. »Das Schweigen der Lady Anne« (S. 93) ist eine der Satiren des Buches »Tobermory und andere Kurzgeschichten« (Verlag Ullstein GmbH, Berlin 1959, Ullstein-Buch 240).

Singh, Gopal, geb. 1917 in Punjab/Indien. Religionswissenschaftler und Politiker. In dem Buch »Der Mensch, der niemals starb« (Peter Hammer Verlag, Wuppertal 1972), aus dem die Texte auf S. 12, S. 13 und S. 14 stammen, beschreibt der Nichtchrist Singh, was ihn an der Botschaft Jesu anrührt und fasziniert.

Sölle, Dorothee, geb. 1929 in Köln. Theologin und Schriftstellerin. Die moderne Ballade »Sandys Geschichte« auf S. 92 stammt aus dem Gedichtband »Spiel doch von Brot und Rosen« (Wolfgang Fietkau Verlag, Berlin 1981).

Southern, Terry/Hoffenberg, Mason karikieren in dem Buch »Candy oder Die Sexte der Welten« das Geschäft mit Sex und Pornographie unter formaler Anlehnung an Voltaires Candide. »Candy« (S. 100): Abdruck nach der im Rowohlt Verlag GmbH, Reinbek b. Hamburg, 1967 erschienenen Ausgabe (Copyright Rowohlt Verlag GmbH, Reinbek bei Hamburg, 1967; Copyright Terry Southern/Mason Hoffenberg 1958, 1959, 1962, 1964; Rechte bei Linder AG, Literarische Agentur, Zürich).

Stahl, Hermann, geb. 1908 in Dillenburg, Maler und Schriftsteller. »Begegnung mit einer Siegerin« (S. 48) ist eine der Erzählungen in »Genaue Uhrzeit erbeten. 12 Stories und ein Nachwort« (Nymphenburger Verlagshandlung GmbH, München 1961).

Wecker, Konstantin, geb. 1947 in München. Liedermacher. »Warum sie geht« (S. 98) und »Unordentliche Elegie VI« (S. 99) sind entnommen aus Konstantin Wecker, »Lieder und Gedichte«, Ehrenwirth Verlag, München 1981. Abdruck mit Erlaubnis des Franz Ehrenwirth Verlages GmbH & Co. KG, München, Copyright 1981.

Weidlich, Hansjürgen, Schriftsteller. Aus seinem Buch »Liebesgeschichten für Schüchterne« (Agentur des Rauhen Hauses, Hamburg 1961) stammt die Erzählung »Keiner sagte ein Wort« (S. 31).

Wilker, Gertrud, geb. in Solothurn. In ihrem Buch »Blick auf meinesgleichen« (Verlag Huber, Frauenfeld/Schweiz 1979) stellt die Autorin für das Leben der Frauen in der Gesellschaft typische Situationen aus verschiedenen Lebensaltern dar. Daraus die Texte auf S. 91.

Zeller, Eva, geb. 1923 in Eberswalde. Schriftstellerin. »Ein Morgen Ende Mai« (S. 172) ist entnommen aus ihrem gleichnamigen Buch (Deutsche Verlags-Anstalt GmbH, Stuttgart 1969).

Herausgeber und Verlag danken den Autoren, Verlagen und literarischen Agenturen für die freundliche Genehmigung zum Abdruck der Texte.

STICHWORT- UND THEMENVERZEICHNIS

Anerkennung der Bedürfnisse des anderen Menschen. Ein Junge übergeht die Gefühle eines Mädchens (Das Gewitter, S. 22).
- Ein Mann erlebt, daß er ein Mädchen, das selbst auf der Suche nach der eigenen Persönlichkeit ist, nicht an sich binden darf (Begegnung mit einer Siegerin, S. 48).

Anpassung der Frau an den Mann aus mangelndem Selbstbewußtsein heraus (Die dumme Frau, S. 29).
- gefährdet Offenheit und Leidenschaft (Lilith, S. 10).
- Eine Frau verliert ihre Identität dadurch, daß sie die Welt durch die Augen des Mannes sieht (Ich fühl' mich schuldig, S. 70).

Befreiung von Erwartungen, die von außen kommen: Versuch der Selbstbehauptung einer Frau (Katrin, S. 72).
- Eine Frau verläßt einen Mann, der ihr das Wesentliche schuldig geblieben ist (Warum sie geht, S. 98).

Bindung und Freiheit in der Beziehung zur Geliebten (Steh auf, steh doch auf, S. 15).
- als belastende Ambivalenz während der Trauerverarbeitung erlebt (Finale, S. 105).

Clique Die Bedeutung der Clique während der Entwicklungskrise von Jugendlichen (Das Gefühl, ich hab das Zuhause in der Vene, S. 137).

Ehe Zusammenhalten und auch einmal ungerade gerade sein lassen (Geschichte aus Bansin, S. 59).
- Zusammenhalten in der Ehe trotz gegenseitiger Unvereinbarkeiten (Ist es möglich? S. 91).
- Von der Konvention diktierte und daher kalte Formen des Streits. Die Absurdität der Konvention wird entlarvt (Das Schweigen der Lady Anne, S. 93).

Eifersucht In einer fast märchenhaften Handlung wird einem Mann klar, daß er auf einen anderen Mann eifsüchtig ist (Die Fähre, S. 39).
- Ein Mann versucht, auf verrückte Weise seine Eifersucht zu bearbeiten (Barbara, S. 24).

Einsamkeit In der Trauer um seine Frau versucht ein Mann mit der Einsamkeit fertig zu werden (Finale, S. 105).

Entwicklung von Anschauungen über das Leben und Liebe (Unordentliche Elegie VI, S. 99).
- von Lebenseinstellungen zwischen Jugend und Erwachsenenalter (Ich denk, ihr werdet mich noch sehn, S. 155).

Entwicklungskrise im Jugendalter Durch die Erfahrungen von Lieblosigkeit und Zwängen wird ein Jugendlicher »verhaltensauffällig« (Außer Briefe schreiben kann man hier nichts, S. 127).
- durch fehlende Orientierung und Anpassung an die Gegebenheiten – gelöst durch Gewalt (»Von Beruf – Hampelmann«, S. 146).
- durch fehlende Wertorientierung: Ein Mädchen wandert in eine Sekte ab (Ein Morgen Ende Mai, S. 172).

Erinnerung an die Ehefrau macht die Schwierigkeit bewußt, das Vakuum zu füllen (Finale, S. 105).

Erotische Fantasie verwandelt die Eheroutine (Lilith, S. 10).
- Was geschehen kann, wenn die Gedanken und Vorstellungen der Realität davonlaufen (Wie Krabat die Smjala verlor, S. 44).
- eines Mädchens, die in Wirklichkeit umgesetzt wird (Candy, S. 100).

Erwachsen sein – jung sein wird von einem jungen Mann kritisch bilanziert (Ich denk, ihr werdet mich noch sehn, S. 155).

Familie Wie die Erfahrungen der Mutter den Umgang mit der Familie (am Ende besonders mit der Tochter) bestimmten (Katrin, S. 72).
- Durch Uneinigkeit von Mutter und Stiefvater im Blick auf das Verhalten des Sohnes wird das Vertrauen des Sohnes gestört, und er entzieht sich dem elterlichen Einfluß (Außer Briefe schreiben kann man hier nichts, S. 127).
- dramatisch zugespitzte Situation einer Familie, gesehen aus der Sicht der Mutter und Ehefrau (Katrin, S. 72).
- was einen Menschen zutiefst betrifft, muß ausgesprochen werden. Liebe braucht Offenheit (Sandys Geschichte, S. 92).

- Die Zerstörung der Familie durch die Scheidung der Eltern muß nicht die Beziehung einzelner Familienmitglieder zueinander zerstören (Familienkrieg, S. 115).
- Sprachlosigkeit und Unverständnis treiben ein Mädchen aus der Familie (Ein Morgen Ende Mai, S. 172).

Freiheit Ein Mädchen bricht aus der Familie aus, die ihr etwas Wesentliches nicht mehr geben kann (Ein Morgen Ende Mai, S. 172).
Frustration Ein Mann wird enttäuscht und reagiert sich als rasender Autofahrer ab (Barbara, S. 24).
Geburt Angst und Hoffnung, Fantasien. Die Nähe von Geburt und Tod. Auseinandersetzung mit der Mutterrolle (Anaïs Nin, S. 75).
Gerechtigkeit Menschliche Bedürfnisse gegen Gesetzlichkeit (Geschichte aus Bansin, S. 59).
Gotteserfahrung Eine Frau bringt ein totes Mädchen zur Welt und erlebt in aller Verzweiflung das Gefühl, mit Gott verbunden zu sein (Anaïs Nin, S. 75).
Identität Ein Mensch versucht die Einsamkeit durch sportlichen Erfolg zu überwinden und erlebt, daß dies nur eine Station auf der Suche nach dem Ich ist (Begegnung mit einer Siegerin, S. 48).
- Ein junger Mann, arbeitslos, allein lebend, reflektiert seine Situation und sucht sich darin selbst zu finden (Ich denk, ihr werdet mich noch sehn, S. 155).

Kälte der Beziehungen die in konventioneller Taktik beim Ehestreit sichtbar wird (Das Schweigen der Lady Anne, S. 93).
Kinder in die Welt bringen Eine schwangere Frau reflektiert den Sinn des Lebens in einer bedrohten Welt (Anaïs Nin, S. 75).
Konvention Die Absurdität des konventionellen Verhaltens bei der ehelichen Auseinandersetzung wird entlarvt (Das Schweigen der Lady Anne, S. 93).
Lebensentwurf Was ein Mann sich für sein Leben erhofft (Unordentliche Elegie VI, S. 99).
- Ein junger Mann entwirft und gestaltet sein Leben so, daß er trotz schwieriger Situation keine Langeweile hat (Ich denk, ihr werdet mich noch sehn, S. 155).

Liebe Gibt es ein Glück von längerer Dauer? (Lilith, S. 10).
- Allzu weitgehende Anpassung an den Partner tötet die Leidenschaft füreinander (Lilith, S. 10).
- Abhängigkeit und Freiheit (Singh: Für einen Liebenden verliert die Zeit ihre Zeitlichkeit, S. 12).
- Religiöse Dimension der Liebe (Singh, S. 13 und S. 14).
- Jugendliche Liebe (Marguerite, S. 18).
- Vom Gesetz kontrollierte Liebe (Marguerite, S. 18).
- Verstörung des Mädchens, weil der Junge eine Situation für sich auszunutzen versucht (Das Gewitter, S. 22).
- Sehnsucht nach Schutz und Geborgenheit (Das Gewitter, S. 22).
- Geschäftliche Beziehung (Die dumme Frau, S. 29).
- Zusammengehörigkeit auch in der Situation der Schwäche und wenn die beiden Partner aneinander schuldig geworden sind (Die dumme Frau, S. 29).
- eines Mannes zu einer verheirateten Frau (Keiner sagte ein Wort, S. 31).
- Ein Mann findet nicht die Worte, einem Mädchen seine Liebe zu sagen (Die Fähre, S. 39).
- auf augenblickliches Glück und/oder Dauer angelegt? (Wie Krabat die Smjala verlor, S. 44).
- Ist Liebe möglich, wenn einem Partner abgefordert wird, sich selbst aufzugeben? (Katrin, S. 72).
- braucht gegenseitige Rücksichtnahme (Ist es möglich? S. 91).
- Ein Mädchen steht zum Freund, der zu Hause und in der Schule Schwierigkeiten hat (Außer Briefe schreiben kann man hier nichts, S. 127).

Mutterrolle Was bedeuten Mutterschaft und Geburt für eine Frau? (Anaïs Nin, S. 75).
Orientierungsschwierigkeiten eines jungen Menschen beim Eintritt in die Berufswelt (»Von Beruf – Hampelmann«, S. 146).
Provokation als Ruf eines Jungen nach Anerkennung und Wärme in Familie und Schule (Außer Briefe schreiben kann man hier nichts, S. 127).
Rolle der Frau Anpassung oder Offenheit? (Lilith, S. 10).

- Anpassung aus Mangel an erlebter Liebe und an Selbstbewußtsein (Die dumme Frau, S. 29).
- Eine junge Frau wird Siegerin in einem Motorradrennen und fasziniert einen zufällig anwesenden Mann (Begegnung mit einer Siegerin, S. 48).
- eine Frau orientiert sich an den Bedürfnissen von Mann und Familie und verliert sich selbst. Sie lehnt sich gegen diese Gefangenschaft auf (Katrin, S. 72).

Rolle des Mannes Verhalten, das den Erwartungen der Partnerin nicht entspricht (Das Gewitter, S. 22).
- Männliche Selbstzufriedenheit bewirkt, daß die Frau geht (Warum sie geht, S. 98).

Rücksicht auf die Schwächen des/der anderen in der Ehe (Ist es möglich? S. 91).

Scheidung Wie Kinder die Scheidung der Eltern verarbeiten und bewältigen (Familienkrieg, S. 115).

Schuld Die Problematik des Schuldspruchs vor Gericht angesichts einer unheilvollen Eigengesetzlichkeit des Lebens (»Von Beruf – Hampelmann«, S. 146).

Schuldeingeständnis das zu spät kommt (Das Schweigen der Lady Anne, S. 93).

Schuldgefühl und schlechtes Gewissen, die aus dem Verlust der eigenen Identität kommen (Ich fühl' mich schuldig, S. 70).

Schule Ein Jugendlicher leidet unter der Realität einer erfolgsorientierten, bürokratisch funktionierenden Schule und artikuliert seinen Protest (Außer Briefe schreiben kann man hier nichts, S. 127).

Sehnsucht Vom Glück, das darin liegt, sich nach einem Menschen zu sehnen (Begegnung mit einer Siegerin, S. 48).

Selbstaufgabe und Widerstand Eine Frau wehrt sich gegen die sie ausbeutenden Anforderungen durch die Familie (Katrin, S. 72).

Sexualität Eine Mutter wird von der Tochter nach der Bedeutung der Sexualität in der Ehe gefragt (Dieser Teil meines Lebens, S. 91).
- Sexuelle Erfahrungen eines Mädchens in der Form einer Porno-Parodie (Candy, S. 100).

Sucht Zwei drogenabhängige Mädchen versuchen, ihre Situation zu verstehen und zu bewältigen (Das Gefühl, ich hab das Zuhause in der Vene, S. 137).

Tod Eine Frau erlebt durch die Geburt eines toten Kindes, was es heißt, nach der Todeserfahrung in ein neues Leben zu kommen (Anaïs Nin, S. 75).
- Ein Beispiel für späte Bearbeitung von Trauer (Sandys Geschichte, S. 92).

Trauer um die Geliebte Nach einem bedrückenden Erlebnis am Grab Begegnung mit der Geliebten (Steh auf, steh doch auf, S. 15).
- Ein Mann versucht, die Trennung von seiner Frau zu verarbeiten (Finale, S. 105).

Trauer die durch die Scheidung der Eltern entsteht (Familienkrieg, S. 115).

Treue in ihrer Ambivalenz: lähmendes Zusammengehörigkeitsgefühl und Sichbekennen zu dem, was zwei Menschen verbindet (Die dumme Frau, S. 29).

Unausgesprochene Gefühle Ein Mann und ein Mädchen verständigen sich in versteckter Weise über ihre Gefühle (Die Fähre, S. 39).

Vater Ein Mann erinnert sich an seinen Vater, humorvoll, bewundernd, die Landschaft der Kindheit bewahrend (Geschichte aus Bansin, S. 59).
- Ohne Vater leben – im familiären und religiösen Sinn (Anaïs Nin, S. 75).
- Eine Tochter lernt ihren Vater kennen (Sandys Geschichte, S. 92).
- Väterliche Ahnungslosigkeit im Blick auf das Leben der Tochter (Candy, S. 100).

Vergebung durch Wahrnehmung der bestehenden Beziehung, die über das Materielle hinausgeht (Die dumme Frau, S. 29).

Verlieben Verliebtsein verzaubert alltägliche Situationen und Beziehungen (Keiner sagte ein Wort, S. 31).

Verzweiflung am Ehealltag Die Lasten sind zuungunsten der Mutter und Ehefrau verteilt (Katrin, S. 72).

Widerstand Eine Frau widersetzt sich der sie überfordernden Familie (Katrin, S. 72).
- Ein Jugendlicher widersetzt sich durch sein Verhalten den Zwängen, die ihn unglücklich machen (Außer Briefe schreiben kann man hier nichts, S. 127).

Zärtlichkeit in Wort und Geste als ein Ausdruck menschlichen Verstehens (Keiner sagte ein Wort, S. 31).

INHALT

Vorwort	5
Jakov Lind: Lilith	10
Gopal Singh: Für einen Liebenden verliert die Zeit ihre Zeitlichkeit	12
Gopal Singh: Entweder liebt ein Mensch, oder er stirbt	13
Gopal Singh: Und dann sprach Er zu ihnen von Liebe	14
Heinrich Böll: Steh auf, steh doch auf ...	15
Wolfgang Borchert: Marguerite	18
Wolfgang Borchert: Das Gewitter	22
Bertolt Brecht: Barbara	24
Bertolt Brecht: Die dumme Frau	29
Hansjürgen Weidlich: Keiner sagte ein Wort	31
Ingeborg Bachmann: Die Fähre	39
Jurij Brežan: Wie Krabat die Smjala verlor	44
Hermann Stahl: Begegnung mit einer Siegerin	48
Hans Werner Richter: Geschichte aus Bansin	59
Hildegard Knef: Ich fühl' mich schuldig	70
Angelika Mechtel: Katrin	72
Anaïs Nin: Aus den Tagebüchern	75
Gertrud Wilker: Ist es möglich?	91
Gertrud Wilker: Dieser Teil meines Lebens	91
Dorothee Sölle: Sandys Geschichte	92
Saki: Das Schweigen der Lady Anne	93
Konstantin Wecker: Warum sie geht	98
Konstantin Wecker: Unordentliche Elegie VI	99
Terry Southern, Mason Hoffenberg: Candy	100
Ingeborg Drewitz: Finale	105
Tilmann Moser: Wie Christof, Vroni und Annette die Trennung der Eltern erleben	115
Peter Goedel, Herbert Hoven: Außer Briefe schreiben kann man hier nichts	127
Hannelore Rheinz: Das Gefühl, ich hab das Zuhause in der Vene	137
Gerhard Mauz: »Von Beruf – Hampelmann«	146
Klaus: Ich denk, ihr werdet mich noch sehn	155
Eva Zeller: Ein Morgen Ende Mai	172
Zu den Autoren/Quellenhinweise	187
Stichwort- und Themenverzeichnis	189